I Loft You

Vincent Cespedes

I Loft You

MILLE ET UNE NUITS

Sommaire

À la mémoire de mon grand-père, Étienne Rado.

« Dans la vérité et dans l'erreur, dans le plaisir
et dans l'ennui, sois ton être véritable.
Tu n'y parviendras qu'en rêvant, parce que ta vie
réelle, ta vie humaine, c'est celle qui, loin de
t'appartenir, appartient aux autres. »

FERNANDO PESSOA,
Le Livre de l'intranquillité

Ainsi font, font, font...

Mon premier est la narration de l'intime banalité humaine par des moyens libidineux. Mon deuxième est le nivellement par le bas de toute cohabitation forcée lorsqu'elle tente de rendre homogène un groupe hétérogène d'individus en se fondant sur leur plus petit dénominateur commun. Mon troisième est l'avènement extraordinaire de célébrités dont la popularité ne repose sur rien. Mon quatrième est « l'hamstérité » déconcertante et grandissante de la jeunesse. Enfin, mon tout est un narcotique d'une envoûtante complexité, sidérant la France entière sans qu'elle sache bien pourquoi, sans qu'elle comprenne ce qui lui arrive. Notre essai ne vise pas à démontrer qu'il y a scandale, que l'émission est truquée ou qu'il faut en boycotter l'abject mercantilisme : il se limite modestement à en saisir les enjeux. Parce que les enjeux demeurent introuvables. La presse et les médias tournent autour du pot, puisqu'il fait leur beurre. Les psys se bousculent pour subtiliser la vertu, inconscientiser la morale et faire leur clientèle. La ménagère se sent rajeunir, car elle espionne les ados sans risquer de passer pour l'intruse malvenue et arriérée. Tous refusent par intérêt de trouver les mots justes, les raisons définitives, les concepts éclairants. La jeunesse est l'unique dindon de cette farce, l'unique bouffon de ce carnaval, l'unique bouc émissaire. Cible idéale. C'est elle, prioritairement, que nous voulons extraire du malaise, de l'agonie, de la caverne – ce Loft aux illusions perdues ; c'est elle qu'une critique élargie du jeu et de ses enjeux doit ranimer.

Qu'est-ce que *Loft Story* ? Un mixte judicieux d'*Hélène et les Garçons* pour la forme, de *Tournez Manège* pour le contenu, de *Truman Show* pour le concept. On pourrait croire à un sitcom, mais il s'agit plus d'un *reality show* dans lequel aucun exploit n'est montré, si ce n'est l'intimité plus ou moins scénarisée de onze concurrents d'un jeu télévisé qui s'étend sur soixante-dix jours. Totalement coupés du monde, ils doivent cohabiter dans un loft de 225 mètres carrés, avec un jardin de 380 mètres carrés comportant piscine chauffée, potager et poulailler. Vingt-six caméras dont trois à infra-rouges et cinquante micros installés partout enregistrent leur quotidien sans interruption. Le Loft comprend également un confessionnal permettant aux candidats de s'adresser directe-ment aux téléspectateurs sans être vus ni enten-dus par les autres habitants.

Sur les onze candidats au départ (six gar-çons et cinq filles), seuls un garçon et une fille seront finalement sélectionnés. Chaque semaine en effet, les « lofteurs » les moins appréciés seront désignés par leurs camarades du sexe opposé, puis le public choisira celui qui sera éliminé. Le couple restant pourra alors gagner une villa de trois millions de francs et dix mille francs chacun par mois pendant six mois si, durant cette période, ils parviennent à y vivre ensemble. Trois cent cinquante céliba-taires sans enfant entre dix-huit et trente-cinq ans ont été auditionnés pour former au final un casting parfait de onze archétypes aisément identifiables, allant de la bimbo fixant le vide à la fille-nature-qui-aime-les-chevaux et du Leo-nardo Di Caprio à l'intello BCBG qui se décoince. Variation du concept de *Big Brother* et autres *Survivor* qui ont séduit en moins de trois ans les télévisions du monde entier, *Loft Story* introduit cependant un élément original :

il faut séduire un individu de l'autre sexe pour gagner à deux. Le couple est ainsi institution-nalisé, la « maison de rêve »* à la clef annon-cerait même leur foyer à venir.

L'audience de la première émission de télé-réalité française bat tous les records. La société s'émeut, s'énerve et s'épouvante. Certains n'y voient qu'un feuilleton préscénarisé au marke-ting savamment orchestré ; d'autres s'offus-quent de son obscénité, de sa cruauté ludique, et annoncent même l'apocalypse du PAF. Der-rière le battage médiatique et la flopée de sites Internet, l'opération reflète les incertitudes et les angoisses du monde contemporain. Criti-quée par des élèves de terminale d'un lycée en zone « sensible », elle livre ses enjeux et per-met, pour peu que l'on se donne la peine d'y penser, un exercice d'intelligence et de discer-nement. Car, loin de s'identifier à Loana, Chris-tophe, Julie, Kimy et consort, leur réflexion utilise cette émission comme un négatif révé-lant des valeurs essentielles. Face à une dignité humaine mise en péril, la jeunesse, aussi désa-busée soit-elle, peut-elle redonner un sens aux notions d'amour, d'honneur, de respect d'au-trui et de soi-même ? La délation, le rejet réci-

---

* Ainsi nommée par l'article 2 du règlement de l'émission.

proque, les basses manœuvres, toute cette haine imposée aux candidats pousse-t-elle nos élèves à stigmatiser leur attitude ou bien y voient-ils la légitimation d'une hypocrisie sociale efficace ? À l'heure où les professeurs réalisent avec effroi qu'ils sont privés du droit d'enseigner, à l'heure où les humanités et la philosophie sont sur la sellette et doivent lutter âprement pour survivre, une chaîne privée a-t-elle le droit d'accélérer le dépérissement de l'intégrité, de l'honnêteté et de la culture chez des millions d'adolescents ? C'est à cette jeunesse démunie, privée des moyens intellectuels de se mobiliser contre une telle dégradation de l'homme par l'homme, que ce livre s'adresse d'abord. Il espère lui redonner les instruments de la critique et de l'insurrection face à l'intolérable. Il espère la faire sortir de son état d'hypnose et d'anémie en prenant *Loft Story* comme l'inassimilable denrée qu'elle se doit de vomir au lieu d'en être absorbée, au lieu d'en être captivée. Nous souhaitons lui fournir des lumières et des armes afin qu'elle reconnaisse le terrible piège qui menace sa liberté et qu'elle puisse s'en prémunir durablement, se raffermir à son contact, le mettre à mort en recouvrant la santé. *Loft Story* est le poison de trop qui doit la faire guérir

– le renversement possible des tendances que notre étude n'aura de cesse de reconnaître tout en ouvrant la voie d'une inversion salvatrice. Dernier ultimatum : qu'à la fin de cet ouvrage, la télévision s'éteigne, le Loft implose et la vraie vie commence !

Le « Contrat des participants » désigne le Loft par l'appellation « La Maison », mais le premier terme, outre le jeu de mots avec *Love Story*, est révélateur. Un loft, en toute rigueur, désigne la transformation d'un local professionnel en logement. L'entrepôt devient une maison, l'usine une spacieuse habitation collective, l'atelier un atelier d'artiste. On repeuple la vieille fabrique de la révolution industrielle et, moyennant quelques aménagements pour le confort, on en fait un lieu pour les individus et la libre subjectivité de chacun. De lieu de l'aliénation impersonnelle, nous passons à celui de la communication interpersonnelle ; l'ouvrier délaisse ses outils et son bleu de travail pour des vêtements à la mode, des discussions futiles, un loisir « loftien » des plus cool. Le centre de vacances et l'incitation à ne plus être élève remplacent l'école désaffectée et l'attention studieuse. Nous devons voir, dans la notion de loft, la métaphore d'une transformation plus ample : transformation des mœurs, des désirs et des valeurs qui annonce un XXIe siècle axé sur l'interconnexion des individualités en un réseau global, en un méga-loft dépourvu de singularités, de délai, et, partant, de désir.

Tirer son épingle du zoo

Dans un aquarium de 225 mètres carrés, des
comédiens amateurs se débattent pour survivre.
Comédiens, ils le sont doublement car ils
savent que leur image est perçue par les autres
habitants ainsi que par la France entière. Leur
survie dépend également de ces deux instances
à comprendre, à convaincre, à séduire : l'opinion des rivaux et l'opinion des téléspectateurs.
Plaire à l'opinion était, pour les Grecs, l'art des
sophistes, beaux parleurs enivrant la foule par
des discours distillant les vérités qu'elle aime
entendre. À leur manière, les gladiateurs
enthousiasmaient aussi le peuple par leurs san-
glantes prouesses et leur lutte à mort. Mais nos
sbires, nos sous-fifres, ne sont pas des professionnels de la communication ni de la violence.
C'est justement leur maladresse, leur agitation
confuse, leur énervement et leur sottise que
l'on veut voir. Histoire de se persuader qu'on

n'est pas le seul à jouer un jeu laborieux en face des autres et qu'il y a peut-être pire en la matière. Échantillon représentatif de la population, doués de piètres talents, d'une culture réduite et d'un humour adolescent, les concurrents font tout pour jouer ce que l'opinion publique attend d'eux, pour en être les plus dignes représentants. Pour gagner, ils doivent donc éviter les actes ou les propos qu'elle ne comprendrait pas immédiatement (subtilité, extravagance, rapport décalé ou poétique au monde) ou ce qu'elle condamnerait immédiatement (obscénité, agressivité, vantardise, actes immoraux). Immédiatement, c'est-à-dire sans réfléchir, car l'opinion ne pense pas : elle réagit. Il faut donc être le plus gentil, le plus fédérateur, le plus « sympa ».

Pour gagner, il faut en fait être le plus pervers – séduire ceux-là même que l'on va faire éliminer. « Dans x semaines, ils ne seront plus que deux », martèle le slogan de l'émission. L'image est à pleurer de rire, lorsque, avec le minois stupide des deux premiers lofteurs nominés, on lit : « Téléphonez pour éliminer ! * » – *Wanted* éminemment lucratif, avec

---

* Vivement critiquée, la chaîne a dû rétablir la procédure normale d'une élection dès le second vote ; mais l'état d'esprit demeure celui de l'élimination, source de crise, de suspense,

plus de quatre millions d'appels à 3,68 F et des spots publicitaires double tarif. Le lendemain de l'élimination d'Aziz, celui-ci est biffé par un X au générique. Un de moins ! Au suivant !... Les nazis suivaient une logique similaire, à grande échelle. Le X sera retiré par la suite, mais sa brève apparition témoigne du principe abominable de l'émission qui consiste à avilir sur le long terme, par des moyens high-tech et une propagande effrénée, la personne humaine. Pour ce téléthon-fiction, le versement d'une partie des bénéfices à une cause humanitaire eût été une idée en or, confondant les détracteurs et légitimant la participation active du public. Mais les producteurs n'ont pas encore poussé l'imposture à ce point, preuve qu'ils seraient de bien piètres joueurs à leur propre jeu. À leur tête, l'ex-présentateur Arthur, naguère autoproclamé « roi des cons » — règne aux promesses tenues : Son Altesse fait l'éloge d'une connerie souveraine, en effet. Il apprend

---

donc d'audience. Si le public, qui aime se croire au-dessus de la mêlée, dit désormais « Reste ! », ce n'est pas tant pour revendiquer une préférence que pour faire sortir le candidat qu'il méprise le plus. Car il aime sentir que son choix agit concrètement sur l'état du Loft, qu'il provoque un changement, un démantèlement (départ émouvant d'un sbire), non qu'il maintient un ordre, une précaire harmonie. La performance se trouve dans l'éradication, le public veut donc toujours « mettre à la poubelle ».

comment faire l'amour sans capote au temps du sida, comment faire l'hyène et bouffer les autres en riant, comment faire l'homophobe en évacuant des règles les relations douteuses, comment devenir le plus con dare-dare, à grand renfort de « ta mère en slip... », la merde à la bouche et, aux crocs, l'éclat du gypse.

Le concept est bien l'éviction progressive des candidats qui devront désigner au sein de leur groupe ceux qu'ils désirent voir partir du blockhaus – cruelle sanction ! – avant que le public ne tranche (en disant « Stop ! » au téléphone, lors du premier vote). Le problème déontologique concerne précisément le critère de cette sélection : quelle aptitude, quelle qualité évalue-t-on ? Aucune, si ce n'est la personnalité elle-même. Être éliminé s'apparente alors à une mise à mort symbolique, car ce ne sont pas les erreurs qui sont objectivement préjudiciables au joueur, comme dans n'importe quel jeu. Là-dedans, c'est au contraire l'individu en tant que tel, et plus fondamentalement son identité qui servent d'indice à l'élimination. Combat des subjectivités entre elles, confrontées en dernier lieu à la subjectivité consensuelle, « démocratique », du peuple. Apologie de la démagogie la plus hypocrite quand il faut faire semblant d'être bien dans sa peau pour sauver sa peau. Et pour le couple gagnant, devoir exhiber leur cohabitation six mois durant pour remporter... une maison ! Cette *story* n'a rien d'un marivaudage romantique : elle joue sur les nerfs, la santé mentale, l'art d'être livré en pâture à des regards étrangers sans autre écho de leurs jugements que le processus de suppression auquel ils participent. Gladiateurs de l'absurde, car leur seul défi consiste à rester eux-mêmes coûte que coûte quand tout dans leur environnement les dépossède d'eux-mêmes ; autistes audiovisuels ne sachant plus à quel sein vouer leur être et leur paraître. Ceci n'est pas un jeu, mais un zoo – un zoo humain enfin reconstitué. Un documentaire animalier sur les hommes en cage, transmettant l'incommunicabilité des êtres et leurs simagrées, *via* les ondes, dans tous les lofts de France. Jeu sadique, fasciste et schizophrène, dans lequel le prix de la victoire réside en un avatar d'amour, la spontanéité est réduite à néant, l'intimité outrageusement violée et la saine solitude confinée aux WC. Comment ne pas s'insurger devant pareille effraction ? Comment ne pas vouloir venir en aide à ces malheureux et les soutenir, devant l'écran du téléviseur, en supporteur impuissant de leur humanité ? Tous craquent, et le public

« craque » pour eux ; tous extériorisent leur lassitude calamiteuse, et il la reçoit comme un cadeau.

> *Passion*
> *Feu*
> *Roman-feuilleton*
> *Journal*
> *On a beau ne pas vouloir parler*
> *[de soi-même*
> *Il faut parfois crier*
>
> *Je suis l'autre*
> *Trop sensible*

Blaise Cendrars,
« Dix-neuf poèmes élastiques », I – *Journal*

Plus les lofteurs font pitié, plus ils font de l'audience. On a pitié de leur situation recluse et asphyxiante, éminemment sportive comme pourrait l'être un marathon électoral sans trêve. Endurance requise. Physique, d'abord, parce que le téléfilm dans lequel ils jouent s'éternise sans clap de fin ni répétition : ils doivent être bons dès la première prise et savoir improviser avec brio de l'aube jusqu'à pas d'heure ; endurance psychologique, ensuite, car la présence des autres entame à chaque fois la leur et qu'il faut s'extraire continuellement de leur ombre, aussi bienveillante semble-t-elle. En bons sportifs, ils doivent s'économiser en évitant les jeux trop éloignés d'eux-mêmes, les artifices et les subterfuges qui les épuiseraient trop tôt. Pourtant, les caméras ostensiblement voyeuses les rappellent constamment à l'ordre. *Direct Live* 24 heures sur 24. Elles sont partout visibles et les suivent sans cesse, pivotant sur leur axe ; ils se voient ainsi observés, ils se positionnent même idéalement dans le cadre. Sur Internet, on voit Jean-Édouard communiquer avec les techniciens qui répondent à ses questions par des mouvements de caméras. Vedettes mimant l'intimité à défaut de la vivre – tout l'art du télévoyeur sera de se persuader que ces humains de laboratoire restent « naturels », qu'ils ne veulent rien montrer, qu'ils ne sont pas des comédiens mais des cobayes volontaires, populaires, donc dédommagées. De façon confuse, nous nous observons nous-mêmes, il est vrai, puisque nous saisissons comment autrui réorganise par son regard nos actions, disséminées dans le temps et l'espace, échappant à notre introspection. Nous réalisons ainsi comment nos prises de pouvoir, nos bévues, nos malveillances ou nos allégeances peuvent être jugées par autrui. Mais les sciences humaines nous ont appris que la présence d'un observateur modifie le comportement naturel des observés. Il s'agit bien d'un jeu de rôles, même s'il prend l'aspect ridicule d'une expérience scientifique contrôlée par des psys. Il y a là-dedans trop de violence pour n'y voir qu'un simple divertissement. Tamagotchis en chair en os. On observe l'effervescence de ces Pokémons avec l'avidité de l'enfant contemplant l'insecte. Réalité et fiction se mélangent ; à défaut de fictions réalistes, on met en scène une réalité factice et caricaturale.

Soft Story

Parlant de *La Vérité si je mens* que les lofteurs doivent rejouer, Benjamin Castaldi le nomme « film cul », rectifiant aussitôt ce lapsus par un rire gêné. Le culte que voue l'audimat au cul n'est certes pas récent et l'émission a été maintes fois taxée de film pornographique longue durée. La vidéo des ébats de Jean-Édouard et Loana est en effet téléchargeable par n'importe quel internaute, quel que soit son âge. Qui n'a jamais rêvé de surprendre des personnages de série s'épancher dans des relations torrides ? Les Japonais adaptent même leurs dessins animés familiaux pour un public très averti. Les films X fonctionnent sur ce principe quand ils sont des adaptations de contes, de fictions politiquement correctes ou des dessous de l'Histoire. Si l'histoire du Loft est bel et bien pornographique, c'est parce que les contraintes extrêmes auxquelles les candidats sont soumis imposent de trouver un exutoire, une échappée belle. Ni la gym, ni les colères, ni les jeux de pouvoir n'évacuent la pression constante. Les singes bonobos se défoulent en copulant dans des poses hallucinantes ; nos singes en cage se défoulent en parlant de sexe tout le temps (discussions *hard* censurées sur M6, caméras filmant l'herbe et larsen à l'appui). Les passages à l'acte seront délicats avec la conscience d'observateurs extérieurs, conscience que l'alcool peut troubler mais non éteindre absolument. Sexualité frustrée, donc d'autant plus excitante pour les mateurs du Net ou de TPS – *Stimmung*, atmosphère, ambiance pornographique. Car il ne peut y avoir pornographie que lorsque le désir est remplacé par le pouvoir et la volonté perverse. En ce sens, Masud Khan la définit * à juste titre « comme étant exclusivement préoccupée de la quête psychique des sensations à l'exclusion de toute émotion ou relation d'objet ». Négation de soi et de l'autre (objet de notre désir), « elle a remplacé la liberté sexuelle et la réciprocité par un acte psychique de coercition effectué sur le soicorps et sur l'objet dans des états extrêmes de soumission et d'humiliation ». Dans ce

---

* *Figures de la perversion*, XI, Gallimard, collection « Connaissance de l'inconscient », 1981.

contexte, précise l'auteur, « on peut dire que la "politique" de la pornographie est essentiellement fasciste ». À lire ces lignes, nous comprenons mieux la pornographie de l'émission : y parler sans arrêt de pratiques sexuelles, les sous-entendre, les attendre * ou s'y exercer permet aux candidats « de transformer une rage latente en événements pleins de violence et d'érotisme ». La situation du Loft est pornographique. Si les tourtereaux Aziz et Kenza en sont les premiers exclus c'est qu'ils n'ont pas tenu compte de cette dimension. À vingt-huit ans, Aziz le macho-qui-peut-pleurer reconnaît qu'il n'a couché qu'avec trois filles devant une Laure éberluée. Au nom d'une culture arabe dont ils n'adoptent que les clichés, le couple s'amuse à parler mariage quand tous parlent sexe et se fâche plusieurs fois quand tous se frôlent et se cajolent. Le bon lofteur doit être un Rocco Sifredi virtuel, la bonne lofteuse une Tabatha Cash qui n'a pas froid aux yeux.

Ce n'est pas l'acte en lui-même qui compte mais le *feeling* pornographique, le climat qui, de manière oppressante, pousse à faire aboutir les rapports de force, la négation des désirs, jusqu'au lit. L'émission ressemble à un film X, elle

---

* Julie avoue qu'elle est « en manque de sexe », Philippe lui conseille de se défouler en faisant du vélo.

en est virtuellement un. Le sexe a envahi l'enclos et même si peu pratiquent le « sport en loft » tous en conversent à loisir. Le psychanalyste londonien rejoint nettement notre propos en soulignant l'ambivalence de la pornographie, « à la fois un symptôme de processus spécifique de dévitalisation de l'instinct, dans la culture comme chez l'individu, et une tentative de guérir ce symptôme * ». *Loft Story* relève de cette contradiction, et notre réflexion veut dépasser le pur paradoxe pour soigner, par sa prose résolument musicale, chaotique et fiévreuse, le même symptôme, partout visible chez les jeunes d'aujourd'hui. Avant de revitaliser l'instinct, appréhender ce qui le fait défaillir, mais avant cela encore comprendre ce qu'il est devenu. L'instinct est dans le Loft, en filigrane, en creux ; il s'y est réfugié et c'est lui que nous espérons voir bouger, comme un lézard caché sous les pierres. Perdu de vue. En regardant l'émission sur M6, le *live* sur TPS ou Internet, nous voulons découvrir ce qu'il est devenu après tant d'années de mort lente et de décrépitude. L'instinct est lentement devenu pornographique, et le Loft marque en France l'apogée de son déclin : instinct de pouvoir, de

---

* Masud Khan, *op. cit.*

manipulation, d'influence. D'érotique et spontané, le voici politique et réfléchi. Instinct de l'instant pour la tactique ; instinct des instincts d'autrui, pour la stratégie. « Faites vos jeux ! Rien ne va plus ! »

Comment badiner avec l'amour

Pour revenir au lapsus du présentateur, il a
peut-être été provoqué par le jeu de mots qui le
précède : *La Vérité si je mens*. Toute une ligne
de conduite que doivent observer les participants pour arriver en finale ! Si la plupart
de nos élèves suivent l'émission comme
un championnat de football, c'est bien l'indice
qu'ils ont, en terminale tout du moins, intégré
la dimension ludique de ce divertissement.
Ils donnent ainsi leur avis sur les onze joueurs
de départ, commentent les meilleurs moments
ou pronostiquent l'issue des matchs élimi-
natoires. « Ça reste un jeu ! » ne cessent
d'ailleurs de répéter les lofteurs et leur présentateur, comme si les apparences pouvaient
nous le faire oublier. Il est alors instructif
d'exposer les règles stratégiques de ce jeu,
car elles nous révèleraient son principe et
ses intentions. Nous pourrions appeler notre

ébauche « L'Enfer, c'est les autres : mode d'emploi ». Que faire pour ne jamais être désigné par les autres, donc n'être jamais en passe d'être éjecté par le public ? Le jeu nous livre un parfait modèle d'hypocrisie sociale où il faut écraser les autres avec le sourire, feindre de les aimer pour les poignarder dans le dos, voire comploter à deux pour évincer les indésirables.

Se lier trop tôt avec un candidat est une erreur rédhibitoire. Puisque les filles du Loft désignent les garçons et vice versa, il convient d'être le plus longtemps disponible pour l'autre sexe. En effet, si l'élu de notre cœur ne votera pas pour nous (à moins qu'il ne soit le pire des pervers !), les autres n'y manqueront pas car nous ne représentons plus un allié potentiel. Cœur à prendre jamais pris, tel serait le joueur idéal des premières semaines. La monogamie hétérosexuelle étant la norme du jeu, le célibat est le seul don que l'on puisse offrir à l'autre sexe, aussi convient-il de conserver cet état, de ne pas griller sa seule cartouche. En colonie de vacances ou en classe, on sort avec X, on casse avec X, on sort avec Y et ainsi de suite. On peut même faire tout l'alphabet. Les amourettes insouciantes sont le lot de la jeunesse jusqu'à la claque du premier grand amour, passionnel et tout et tout... Par des flirts successifs, les garçons, c'est bien connu, voient leur image et leur virilité renforcées ; les filles trop frivoles, au contraire, sont officiellement méprisées par le groupe même si leurs charmes continuent officieusement d'attirer les mâles prétendants. Mais dans le Loft, tout est officiel, rien n'est officieux. L'esprit de clocher et la suspicion y règnent en maîtres : Kenza se confie tandis que Laure et Julie, oreilles scotchées à la porte, ne perdent pas une bribe. Tout est dit, tout se sait, rien ne se tait bien longtemps. L'information y circule en réseau jusqu'à ce qu'il n'en reste plus que deux – logique binaire et « naturelle » – et que le silence du quant-à-soi recouvre sa légitimité. Être deux, c'est pouvoir se taire – l'information peut stagner en nous ou se dire directement à l'autre sans le recours d'un médiateur. Dans le bocal, donc, le célibat est l'instrument de la victoire, et la liaison prématurée l'accélérateur de l'exil.

C'est parce qu'ils n'étaient plus des prétendants potentiels que Jean-Édouard et Aziz furent les premiers « nominés » – jargon des remises de prix pour une remise de peine. Mais tandis que le premier, plus volage et distancié, a rompu avec Loana au lendemain de leurs ébats sexuels, Aziz et Kenza se sont promis mariage et affichèrent leur union platonique jusqu'à l'expulsion du garçon. Kenza, qui n'a pas eu la pertinence de rompre explicitement avant la sortie d'Aziz, ne tardera pas à le rejoindre. Loana et Jean-Édouard, dont la plastique se rapproche le plus des critères de beauté en vigueur, jouiront encore de leur célibat initial même quelque peu compromis par la fulgurance de leur liaison. Tout faire pour que l'honneur soit sauf, mais ne jamais hésiter à jouer avec lui. Comploter et manœuvrer pour qu'il ressorte indemne des dures épreuves que nous lui faisons subir – partie d'échec avec nous-même, car nos étourderies, notre hargne stupide et nos distractions servent les autres candidats. Elles leur donnent des excuses pour nous conduire à la potence. Pourtant, si nous faisons en sorte de ne jamais être mis en cause, personne ne *causera* de nous et notre popularité s'évanouira. Il faut nous exposer à la critique, sous les projecteurs, et nous ne pouvons l'oser qu'en désamorçant méthodiquement invectives et reproches qui pourraient nous atteindre en profondeur. Distinguer les blessures bénignes, preuves de notre témérité dans le combat, et les plaies fatales, preuves de notre manque de dextérité. Les attaques superficielles ne nous corrompent guère : elles renforcent notre image, car il nous est facile d'y faire face et d'en triompher.

Une seule règle impérative durant toutes les étapes du jeu : ne pas être mitigé. Louvoyer, hésiter, se rabattre sur le très logique « Je ne veux pas le nominer mais il faut bien, c'est le jeu ! » sont les moyens les plus sûrs pour déplaire. Il ne faut pas jouer sur plusieurs tableaux, mais sur deux : les candidats et le public. Les larmes et les étreintes qui ponctuent le départ d'un membre montrent une lâcheté ou une faiblesse pouvant être mal interprétées. Pleurer par décompensation, parce que nous avons subi une tension insoutenable, fait gagner des points dans le calme et le isolement, tel Jean-Édouard, en sanglot après le départ d'Aziz, seul dans le jardin (c'est-à-dire face au public). Les téléspectateurs y voient le signe d'une sensibilité et d'un *fair-play* honorables. En revanche, il est préférable d'éviter tout épanchement au sein du groupe. Mieux vaut être celui qui console et soutient que celui qui s'effondre et donne ainsi un prétexte tout trouvé pour sa future nomination. Qu'un candidat désabusé (David) parte au bout de quelques jours comme le lui conseille expressément la production, il est aussitôt remplacé par un autre, du même genre, qui le fera bien vite oublier, malgré les larmes que tous les colocataires répandaient et les adieux fraternels – malgré le vent de panique (censuré par la chaîne) que son départ avait suscité. Ne pas oublier que le Propriétaire expulse qui il veut de chez lui ; il ne s'est point absenté : il est partout présent.

Ne pas hésiter à nous adresser à ceux qui ne sont plus là depuis les caméras du Loft, soulignant ainsi la fidélité de notre amitié. Il faut, quoi qu'il advienne, utiliser les caméras du Loft comme les témoins muets de notre excellence. Les messages personnels sont à destiner aux téléspectateurs, non aux réels destinataires, qui peuvent même être fictifs (virtuels).

La loi du plus fort semble prohibée par le contrat de participation : « Toute forme de violence, d'intimidation ou de harcèlement à l'égard d'autres participants est strictement interdite. » (Article 4.3). Il faut pourtant être le plus fort pour gagner, en transposant la violence de haine en violence d'amour. Ce jeu révèle le lien étroit unissant ces deux pôles ; il rend explicite la puissance aliénante et destructrice des sentiments nobles lorsqu'ils sont intéressés. Rien, dans ce que le candidat éprouve, ne doit être laissé au hasard. Cela ne veut pas dire qu'il doive tenter de se maîtriser à tout prix, mais qu'il anticipera, dans tous ses faits et gestes, sur les réactions d'autrui. Il s'agit bien d'intimider et de harceler, mais sous un autre mode : celui du désir, de l'amitié, de l'amour et de la séduction. Perversité sournoise de la violence elle-même.

Concernant les candidats du même sexe, il faut les considérer comme des adversaires tout en affichant extérieurement une bienveillance indiscutable lorsque nous nous adressons à eux afin qu'ils perdent toute méfiance à notre égard. Cette bienveillance ne doit cependant pas verser dans l'amitié fraternelle car ce serait comme si nous formions un couple, avec tous les risques de rejet relatifs à l'union au sein du Loft. En outre, elle ne doit pas être excessive, car elle risque alors de passer pour une basse manœuvre de séduction. Laure dit ainsi de Kimy, la nouvelle concurrente malvenue, qu'elle est « trop gentille » – « quelqu'un de trop gentil, c'est louche ! ». La « famille » des lofteurs est amenée à se réduire, il convient par conséquent d'en faire éliminer tous les membres. Quant aux nouveaux venus, il convient de ne jamais les intégrer totalement, de les laisser sur le banc de touche.

Plus généralement, il s'agit de faire en sorte que tous fassent notre publicité lorsqu'ils s'adressent aux lofteurs de l'autre sexe, sans que nous fassions la leur en retour. Cette asymétrie ne s'obtient que si nous demeurons moralement irréprochable aux yeux des candidats, garçons ou filles, car nul n'osera nous attaquer de peur d'être mal jugé par le groupe. Celui qui nous critique en tête à tête n'est pas dangereux, car il n'influence pas encore les autres membres. Tous les apartés doivent être l'occasion d'une intense séduction, quel que soit le sexe de notre interlocuteur. Il faut le faire rire, le flatter sans exagérer, faire preuve d'une intelligence et d'un humour à sa portée pour éviter comparaison et vexation. L'autre doit se sentir épaulé, grandi, aimé et très sensiblement supérieur. Il doit nous reconnaître comme le plus digne des participants, sans pour autant nous voir comme un égal, c'est-à-dire comme une menace.

Être le médiateur des temps de guerre, le pilier des temps de paix. Le ton de la conspiration est à proscrire, y compris dans la confidence. Personne ne doit penser que nous puissions dire du mal de quelqu'un, sans quoi nous lui renverrions l'image d'un ennemi potentiel. Laure, en petite bourgeoise maniérée et venimeuse, perd l'estime que pouvaient lui accorder les candidats en critiquant Aziz ou

Kimy dès qu'ils ont le dos tourné. La conspiration a de surcroît le désavantage d'augmenter notre suspicion paranoïde vis-à-vis de tous et de nous faire inutilement « monter la pression ». Après avoir insisté sur l'immaturité de Jean-Édouard devant Kenza, Kimy est subitement prise de panique à l'idée qu'il puisse être dans la même pièce et trahit ainsi sa nature comploteuse. Ne jamais parler des nominations, mais si nous sommes invités à le faire, ne pas changer de sujet ; il convient de dire du bien de tous sans isoler personne. C'est en disant du bien que l'on peut faire le plus de mal, sans être tenu pour responsable des dégâts occasionnés. S'il faut faire des reproches, inutile cependant de prendre des pincettes, mais une fois dites les quatre vérités, ne jamais montrer de rancœur ou de ressentiment. Les impairs d'autrui sont à « oublier » ; ses qualités sont à rappeler et à encourager en aparté. En public, elles doivent servir à confirmer les nôtres.

Dans une relation à plus de deux protagonistes, tout dépend des sexes. Si les protagonistes sont tous du même sexe, il convient de ne jamais parler de l'autre sexe le premier ni de façon trop insistante, ce qui nous renverrait à leurs yeux comme un adversaire obsédé par le gain. La rivalité doit au contraire se décentrer de la gent opposée et s'exercer sur d'autres terrains, y compris ceux qui nous sont moins familiers et où nous perdrons avec élégance, charisme et humour, sans aigreur aucune. Garder à l'esprit qu'il s'agit d'un jeu d'alliances et de trahisons : la complicité avec les membres de même sexe doit donc être la norme. Ce sont eux qui chanteront nos louanges sans jamais pouvoir décider de nous éliminer. Ils ne sont dès lors pas à craindre, mais à affaiblir insidieusement. La concurrence avec eux ne doit jamais être immédiate : elle s'exerce par l'intermédiaire de la gent opposée, dont il faut conquérir chaque membre et, nécessairement, ne pas réduire son pouvoir charismatique à une seule idylle. Un garçon sera par exemple complice avec les autres garçons pour qu'ils disent du bien de lui (même à leur insu) auprès des filles, ou tout du moins pour qu'ils ne puissent faire baisser sa cote. Il doit participer de façon extrêmement active aux « délires » des garçons, devenir leur leader sans toutefois se prévaloir de ce statut devant les filles, sans fanfaronnade ni vantardise. Pour cela, il n'hésitera pas à mettre généreusement en avant ses camarades, mais de façon subtile : ceux-ci doivent se sentir flattés, certes, mais sans que les qualités qu'il leur reconnaît puissent lui porter préjudice dans l'opinion des filles. Elles doivent reconnaître la supériorité de sa valeur, même s'il fait semblant de démontrer la supériorité de ses pairs. Lorsque le groupe auquel il s'adresse comporte des filles et des garçons, telle est l'attitude qu'il adoptera : un garçon mûr, à même de cerner les gens pour qu'ils révèlent la meilleure partie d'eux-mêmes sans jamais, toutefois, lui faire ombrage.

Face à un auditoire composé exclusivement d'individus appartenant au sexe opposé, nous devons garder à l'esprit que nous sommes face à nos juges et les supposer impitoyables. La situation, bien que délicate, doit être perçue comme une aubaine. Il ne faut ni chercher à les attendrir, ni jouer le fier-à-bras, ces deux comportements étant généralement perçus comme un manque de confiance. Tout d'abord, suivre l'ambiance du moment et montrer que nous sommes capable de la pousser à ses limites, sans le soutien de nos pairs, avec un indéfectible courage. Ne jamais casser une ambiance par son intervention, ni frustrer quelqu'un dans son élan. Accompagner. Dans les discussions sérieuses, savoir prendre les initiatives, analyser les situations avec clarté et distance, trouver ensemble des solutions, clore le débat, dissiper les tensions. Aller jusqu'à aider l'autre à trouver ses mots, le soutenir ponctuellement et devancer ses pensées ; en d'autres termes : être « sur la même longueur d'ondes ». Devenir, plus qu'un amant ou un ami, une présence indispensable. Les aliéner toutes et tous de façon à être la pire perte qu'ils puissent imaginer au sein du groupe. L'autre sexe doit ainsi se renforcer à notre contact et chercher notre présence pour s'épanouir. Il faut tout faire pour paraître la personne idéale non pas sur un plan amoureux, mais sur un plan relationnel : celle avec qui il fera bon vivre sous un même toit durant six mois.

Si toutefois il nous arrivait de flirter, il faut le faire à l'insu des autres habitants jusqu'à ce que leur nombre ait suffisamment réduit pour que le jeu soit joué d'avance. Cela ne dispensera pas, loin s'en faut, d'exercer sur eux un charme constant, de leur témoigner une amitié sincère et définitivement acquise. Il faut devenir « le couple idéal », celui dont les protagonistes jouent à la perfection l'amour, la connivence, le bonheur et l'ouverture aux autres. Cela demande du temps afin que notre supériorité individuelle soit attestée sans exception. Une fois rendu indispensable et si tous les rivaux réellement menaçants ont été évincés, il peut être judicieux de s'associer avec la personne de l'autre sexe la plus nécessaire au groupe, car elle sera indubitablement la préférée du public. Si cette personne semble rechercher une alliance et s'il est encore trop tôt pour la rendre officielle, il est conseillé de conclure tacitement avec elle le pacte suivant : « Nous allons gagner la partie tous les deux, car telle est notre décision. Pour cela, il ne faut surtout pas se mettre ensemble tout de suite. Au contraire, tu dois faire discrètement ma publicité auprès de tes pairs, et je me chargerai de faire la tienne auprès des miens. Je dirai par exemple à X que tu es sensible à ses charmes, à son humour, que tu l'adores, etc., de sorte qu'il ne te nominera jamais pour l'élimination. Nous bercerons le groupe d'illusions et, de façon croisée, nous renforcerons notre image auprès de tous sans nous décider à sortir ensemble. Nous pourrons le faire lorsque nous ne serons plus que quatre dans le Loft, et qu'il reviendra au public seul de décider. » Un tel pacte, formellement interdit par la production[12], doit se

---

12. « Concernant les gains, il est interdit au participant de s'entendre de quelque manière que ce soit avec d'autres participants de l'émission (par exemple en convenant de partager les gains entre deux ou plusieurs). Si la société venait à établir qu'une telle entente a été convenue, les participants impliqués devront quitter la maison » et « Il est interdit aux

faire à son insu et à l'insu du public, ce qui se révèle bien sûr fort peu commode. Il peut néanmoins être établi de façon implicite, comme le fait Loana avec Jean-Édouard en lui révélant qu'elle n'a pas voté pour lui (alors qu'elle y était moralement autorisée à cause de leur mésaventure); par conséquent, les autres filles l'ont désigné et c'est contre elles qu'il devra se retourner. Loana, la Barbie girl, la bombe à audimat que les magazines placent inévitablement au centre des onze locataires, joue là une carte essentielle. Elle propose à mi-voix le pacte exposé ci-dessus au beau gosse du Loft, avec lequel elle a eu une relation d'adulte, une déception d'enfant fragile, bref tout le prélude à une belle et longue *love story*. En s'associant avec Jean-Édouard sans se lier ouvertement à lui, elle continuerait d'être désirable pour les autres garçons (tueurs avant qu'ils ne soient tués) et son associé continuerait de l'être auprès des filles. Leur pouvoir de séduction serait d'autant plus efficace qu'ils ne peuvent plus, au yeux des autres, se remettre ensemble après leur incident d'une nuit : ils resteraient donc apparemment disponibles ! Ce

participants de tenter d'influencer le vote des autres partici-pants ou de s'entendre entre eux préalablement au vote. » (Articles 3.2 et 3.6 du contrat de participation.)

serait au public de les (ré)unir, et pour ce faire il devrait les faire gagner. Mais Jean-Édouard, de plus en plus je-m'en-foutiste, préférera Kimy la garçonne déconnante à l'Ophélie Winter de service. Il paraît négliger des règles du jeu qui poussent à « jouer la gagne », contrairement à Christophe qui les perçoit dès la première élimination. « Il faut s'y mettre ! » ; tâche détestable autant que nécessaire – légère grimace de qui tue le lapin avant de le faire mijoter dans la marmite. Le recours à l'écrit permet des alliances plus explicites, mais il faut déjà accorder une certaine confiance à l'allié et user d'une discrétion absolue. Outre des plages horaires d'intimité non fiables puisqu'elle peut être violée par la production, les toilettes paraîtraient un endroit stratégique pour les relations sexuelles comme les messages confidentiels. Seulement une caméra sévit encore près de la chasse d'eau – soi-disant réservée aux psys – en cas de pépin grave, de tentative de suicide par exemple. Ils auront donc tout prévu !

Concernant le public, deux modes de communication sont à analyser : le journal que les candidats doivent rédiger (diffusé sur Internet), et les passages quotidiens au confessionnal. Dans les deux cas, il faut répondre prioritairement aux attentes du public. Ce dernier, moins sensible aux bonnes mœurs qu'à la récréation, doit donc en avoir pour son argent. Il faut lui donner des émotions fortes : rires, larmes, surprises, aveux, suspense. Sur Internet, majoritairement consulté par les 15-24 ans, un humour corrosif doit prévaloir. La lecture du journal – que l'on ne peut évidemment pas qualifier d'« intime » – devient vite fastidieuse privée de fantaisie ou d'éloquence. Il faut varier la forme (poème, anecdote, mots caustiques, etc.) et, dans le fond, se faire aimer pour son caractère pétillant et sa personnalité imprévisible. Ne jamais se répéter, mais varier toujours en créant une réelle complicité avec les spectateurs : comique de répétition, histoire étalée sur plusieurs séances de confessionnal, *private jokes* ou énigmes que seuls les plus futés pourront comprendre. Face à la caméra, ce doit être un *one-man-show* débordant de verve, de sincérité, de tact et de fantaisie. Oubliant le confesseur qui régule nos aveux derrière un miroir sans tain, il faut conditionner les auditeurs, quitte à leur faire violence, pour qu'ils aient besoin de nous voir et éprouvent une satisfaction du seul fait de nous entendre leur parler. Car un authentique dialogue doit être établi, présupposant implicitement que toute élimination du public serait vécue comme une trahison. Il faut se faire l'ami du public, qui ne pourra plus nous décevoir. Jouissant de son immunité, nous devenons un chouchou indétrônable, impossible à éliminer malgré d'éventuelles nominations. Plus personne à craindre dedans, puisque la France entière nous soutient dehors. Cela permet, par conséquent, de renforcer sa place de leader au sein du groupe puisque notre confiance en nous-même ne dépend plus des médisances internes. Seul l'extérieur tranche, il faut donc lui promettre, dans un engagement tacite, un *show* époustouflant et toujours renouvelé. Le grand but de l'émission n'est pas tant de séduire un autre candidat que de séduire le public lui-même ; il est d'ailleurs souhaitable d'utiliser les autres candidats à cette seule fin. La domination est fondée sur une séduction préalable de ces deux juges.

En théorie, puisque seul le public est à même de décider l'élimination, la nomination d'un candidat qu'il ne veut pas éliminer est pour ce dernier une chance. Par la publicité faite naturellement autour de sa personne (parents ou proches interviewés, reportage, débat, etc.), sa popularité en sortira accrue.

Durant la période séparant les nominations de la fin du vote, il devra intensifier sa campagne de séduction auprès des téléspectateurs. Nul besoin de discours larmoyant, mais au contraire d'un sens du cynisme et de l'humour plus développés que d'ordinaire. Il faut, par un caractère soudainement plus extraverti, convaincre le public que notre perfection morale n'a d'égale que notre extravagance. En somme, lui faire pressentir que nous ne manquons pas de ressource, que nous pouvons « rebondir » et qu'il n'est pas, avec nous, au bout de ses surprises. La réaction de Jean-Édouard à sa première nomination est en ce sens exemplaire : il montre indifférence, sentiments fraternels (avec Aziz en rival-meilleur-ami), délire télégénique (s'enfermant dans sa valise pour rire de son propre départ), coup de gueule (contre Laure qu'il rêve de gifler, « pour rire »). Sa nomination lui a permis un coup d'éclat ; il n'a pas eu peur de la mort : il a su la défier, jouer avec elle. Les joueurs, nominés ou passibles de l'être, doivent eux aussi remporter ce duel où seules l'emportent l'habileté guerrière et la noblesse du cœur.

Chaque passage dans le confessionnal est un moment tactique intense et un véritable défi. Il faut le préparer, le répéter mentalement, soigner son apparence et sa gestuelle, trouver des idées amusantes, des phrases calibrées qui nous dédommageraient des petites faiblesses comportementales de la veille. Avec un talent d'humoriste prononcé, on pourrait même jouer le salaud, intouchable parce que désopilant, qui critiquerait lâchement les autres candidats, assumerait avec un magistral cynisme l'hypocrisie la plus éhontée. Le décalage ainsi créé entre les méchancetés caustiques qu'il distille dans le confessionnal et l'amour (forcément parodique) qu'il témoigne ensuite à ses compagnons ferait du salaud le parfait héros de l'émission ainsi que son meilleur détracteur.

Gageons qu'après plusieurs saisons, une fois les participants familiarisés avec la complexité cannibale du jeu, beaucoup de salauds rafleront la mise et l'hypocrisie revendiquée deviendra une valeur admirée de tous, parce qu'elle fait rire et divertit *. De même que les vilains méchants fascinent lorsqu'ils font montre d'ironie, de cruauté et de finesse, de même *Loft Story* et ses futurs avatars délesteront la méchanceté et la fourberie de la honte qui les alourdissent. Le crime est de rigueur.

---

* En Grande-Bretagne, l'émission *real TV Big Brother* a rendu un salaud célébrissime : Nick Bateman, surnommé « l'homme que l'on aime haïr ».

Reste aux apprentis criminels à l'exploiter et à s'enorgueillir dans la plus totale impunité, sans craindre le courroux de la majorité bruyante. *Loft Story* va progressivement tendre vers le catch, la farce, le pur comique de situation. Mais nous sommes encore loin d'une telle prise de conscience et d'une telle distance de la part des candidats comme des téléspectateurs. Le catch se présente comme un jeu, paillettes et pin-up à l'appui, qui sert d'exutoire à une agressivité se parodiant elle-même ; la *real TV*, en revanche, prétend mettre en scène des « vrais » sentiments issus d'une situation de crise qui, parce qu'elle perdure, est simplement perçue comme « extraordinaire ». La violence, bien réelle, est ainsi diluée dans le temps et contamine insidieusement, pornographiquement, tous les rapports humains, tandis que la rencontre de catch fait l'étalage d'une violence symbolique, de courte durée et réglant les litiges une fois pour toutes. Le catch est une extrapolation imaginaire du réel organisant la confrontation de super-héros – la télé-réalité est un bouleversement arbitraire du réel laissant des gens ordinaires se débrouiller entre eux dans un affrontement aux règles imprécises. L'ordre rationnel qui donne au spectacle son rythme et sa dramaturgie cède la place à un chaos relationnel dépourvu de raison et de cohérence.

Benji la malice

L'opinion, contagieuse, se propage d'abord de bouche à oreille, par ouï-dire, par rumeurs, par mégarde. Le présentateur n'a donc de cesse de répéter à chaque début d'émission : « N'hésitez pas à partager vos impressions sur *Loft Story* en famille ou entre amis, car c'est très important, surtout pour les plus jeunes d'entre vous ! » Comme si la France devait se mobiliser pour sauver des otages, séquestrés par la télévision ! Il s'agit plutôt d'une prière. Celle, désormais assumée et ritualisée, qui doit réveiller l'instinct de propagande et déclencher l'emballement de l'audimat. Publicité pleine de malice, au sens latin de *malitia*, « méchanceté », puisque le jeu brille par sa cruauté ; mais également au sens courant d'espièglerie, de petite taquinerie ironique. Jean-Édouard, imitant la voix de « Benji » Castaldi lorsqu'il annonce pour la première fois aux candidats la désagréable nouvelle de leur nomination, se moque précisément de la malignité du jeu, servie par un présentateur zélé. Le suspense d'une voix qui se traîne, qui joue avec les nerfs et la patience, qui fait proprement souffrir, n'a d'autre fin que de provoquer des réactions extrêmes. Loi du spectacle pour tenir le public en haleine : le roulement de tambour annonce les prodigieux défis du cirque, le temps pour décacheter une enveloppe pousse l'émotion à son comble lors d'une remise de prix. Dans *Qui veut gagner des millions ?*, c'est toute l'ambiance du plateau qui est modifiée : fond sonore, éclairage, voix du présentateur. Dans *Bunker Story*, tension et suspense sont servis par des voix qui cessent d'être braillardes pour se faire susurrements de conspirateurs, persiflages chuchotés. Le cœur de l'intimité – pénombre percée par les caméras infrarouges – est accentué par un noir et blanc légèrement flou ; pour peu, on se rapprocherait du poste de télévision afin de mieux tendre l'œil et l'oreille, en clandestin amateur.

Sans pression, sans conflit, sans rapports de force, nulle *story*. Les producteurs font donc tout pour que le rêve vire régulièrement au cauchemar, pour qu'il se passe toujours quelque chose de « visuel ». Par contrat, les comédiens sont tenus de leur obéir au doigt et à l'œil. Nous sommes principalement concentrés sur les visages anxieux des candidats, leurs gestes de réconfort mutuel, leurs crispations fébriles. Pour faire oublier le sadisme de sa fonction, Benjamin Castaldi reconnaît, comme pour se dédommager, qu'il ne s'attendait pas à ce que cette épreuve soit si « difficile » à vivre de son côté. Nous le croyons presque, tant nous ressentons de la sympathie pour les habitants à force de détailler leur visage. Rappelons que ce terme n'est pas nécessairement laudatif. La sympathie, au sens premier du terme, n'a rien d'une attirance ou d'une inclination : elle désigne la communion affective par laquelle nous participons à la joie ou à la douleur d'autrui. À force d'observer les lofteurs sur le long terme nous compatissons et ressentons les sentiments qui les traversent. Nous découvrons l'importance des visages, chacun irradiant « une certaine forme de beauté », comme le souligne Jean-Jacques Beinex, invité sur le plateau en tant que recruteur virtuel. Cette beauté, c'est l'humanité des candidats, l'humanité mise à nu, au-delà de tout discours. On ne disserte point sur elle : on la déchiffre, on la reconnaît, on la contemple. Malgré leurs différences, ils se ressemblent tous et nous ressemblent – beautés d'une même forme, d'un même moule. L'humanité n'est plus une idée à comprendre, à défendre ou à inventer – elle est une icône à regarder à la télévision. Humanité crue à laquelle on croit, sans chercher plus loin. Humanité à la portée de tous, donnée dès la naissance et indépendamment de tout exercice rationnel, de tout mûrissement de l'intelligence, de toute élévation de l'âme.

Cette humanité de petit écran, qu'un contexte oppressant fait si brillamment ressortir, loin de resplendir d'une liberté inaliénable (même mise en boîte) est placée sous le diktat exclusif des producteurs. La société ASP Productions contrôle chaque fil des guignols qu'elle rend célèbres. Ils sont à sa merci ou plutôt, pour reprendre l'expression juridique souvent employée dans le contrat et le règlement, *à sa discrétion* ! L'image publique de l'humanité des candidats est une propriété privée ; ils en perdent « irrévocablement » tous les droits *.

---

* Notons la redondance de cet adverbe dans l'édifiant article 2.2.a. du contrat de participation à *Loft Story* : « En concluant ce contrat, le Participant cède irrévocablement ses droits (à supposer que le Participant puisse invoquer un quelconque droit intellectuel, industriel ou d'auteur, ou quelque autre droit qui pourrait être envisagé) en totalité, inconditionnellement et irrévocablement à la Société. »

Nos élèves ont pris conscience de l'importance du montage pour créer un semblant de dramaturgie dans le continuum somme toute ordinaire de leur cohabitation. En effet, lors des émissions diffusées sur M6, le montage des rushes étonne par une linéarité qui l'apparente aux sitcoms d'AB Productions. Les défis collectifs, les veillées thématiques et les débats sur les votes font office de ligne d'action commune, « aérée » par des intrigues parallèles (historiettes, « délires » ou blabla plus confidentiels).

L'intelligibilité niaise de ce scénario est accrue par les commentaires du présentateur puis par des sous-titres contextualisant chaque scène. Ces bulles de roman-photo, à l'esprit « jeune » jusque dans leurs fautes d'orthographe, font de l'émission un feuilleton qu'un enfant de six ans pourrait comprendre, sorte d'*Île aux enfants* sans rêves, Castaldi en Casimir narquois. On engonce ainsi les candidats dans leur personnage, dans leur costume sur mesure. « 24 h 00 [*sic*] : Fabrice ne manque pas d'humour » – normal : il est censé continuer le cirque de David qu'il vient remplacer. Fort heureusement il n'est pas guitariste, et les instruments de musique donnés aux candidats sonneront toujours aussi faux. La musique est d'ailleurs la carence de l'émission : tous chantent (sonnent) faux. Café au lait écrémé, Julie se donne des coups dans le ventre à trois heures du matin pour imiter le vibrato de la Castafiore devant ses camarades de chambre abasourdis. Dissonances. Pourtant, toutes leurs activités sont centrées autour d'un invariable fond sonore : ambiances disco, karaoké, chanson (« Bienvenue chez nous... »), comédie musicale, défilé de mode, soirée DJ ou « années 80 ». Insurmontable challenge d'une synergie des voix, d'une harmonie d'ensemble, d'un accord parfait. Ils attendent, sans s'entendre, la prochaine élimination. On se souvient des « musiciens » d'*Hélène et les Garçons* occupés à répéter des morceaux dont on ne profitait que de l'accord final. Dans le Loft le silence est un canular : tous jacassent ou sifflent sans discontinuer. La répétition n'a pas de fin. Aziz, toujours le premier debout lorsque le radio-réveil beugle ses ritournelles, fait rire lorsqu'il impose difficilement le silence à table, remarquant ainsi qu'ils en ont perdu la notion, la gratuité. Les sous-titres qui appuient le montage remplacent les improvisations musicales qui, dans le film *The Truman Show*, donnent du relief à la vie factice du héros, en soulignent les crises, les émois, l'allégresse ou le sommeil. Mais Truman est seul, filmé depuis la naissance dans un gigantesque studio, entouré d'acteurs et de figurants. Unique victime, unique personnage « réel », nous suivons son évolution du matin au soir sans le quitter d'une caméra. Le réalisateur de ce one-man show, Christoff, nourrit envers la victime (interprétée par Jim Carrey) les sentiments ambivalents d'un créateur envers sa créature : droit de vie et de mort, admiration paternelle, fureur impitoyable. Il maîtrise l'intégralité d'un seul et unique destin. Il peut donc le livrer en direct, opérer des flashbacks, annoncer les péripéties à venir. Nos onze protagonistes, en revanche, offrent spontanément une multitude de trames imbriquées les unes dans les autres, autant de choix pour la post-scénarisation. Le montage n'en est que plus aisé. Grâce à une narrativation acharnée, on construira un récit intéressant à même de faire oublier la banalité de leur quotidien, on dramatisera tout ce qui bouge, on cherchera une morale à l'histoire, on déterminera des blâmes, on tirera des leçons de psychologie désuètes, des clichés convenus d'avance.

Nous comprenons qu'il ne s'agit pas d'un concours dans lequel chaque participant aurait sa chance, mais d'un feuilleton dont l'issue est déterminée en grande partie par la production. Jeu de manipulation totale : les candidats peuvent être dénaturés, favorisés ou sanctionnés par le montage ; le téléspectateur est influencé, et son jugement prévisible. La justice et ses huissiers ont été remplacés par des psys, notamment par le couple emblématique Haddou-Destal, la Bonne Maman quand il faut tartiner, le Quoi-d'neuf-Doc quand les carottes sont cuites ; le tandem (issu encore d'un casting avisé) fait bien sûr office de référent parental, pour que le transfert s'opère, que le public s'y retrouve. Préscénarisé par le casting et les indications données aux participants dans le confessionnal (ainsi dit-on à Laure d'arrêter de parler des votes), l'émission est aussi postscénarisée pour qu'elle devienne conforme à un feuilleton de série Z, scènes X stratégiquement rares *, circulant sur le Web. Cette double lecture est captivante pour nos élèves : ils ont l'impression d'avoir affaire à de mauvais comédiens lors de l'émission sur M6, mais certains se tiennent au courant de l'envers du décor, comme si les acteurs révélaient leur personnalité authentique et cessaient de tenir leur rôle. Passer de la télévision à Internet revient alors à passer du plateau aux coulisses, puis des loges aux chambres. Division de l'information qui,

---

* Voir chapitre « Soft Story », page 27.

telle un puzzle, devient un jeu que les *chat* (forums sur Internet) et les discussions « en famille ou entre amis » recomposent. Les « loft-maniacs », en collectionneurs d'images, doivent donc se connecter afin de saisir la vérité du Loft et non sa retransmission lacunaire. Ni actifs ni passifs, ils doivent se rendre interactifs et compléter mutuellement leurs tronçons de connaissances pour restituer la vérité de l'histoire. Le scoop est au Loft ce que l'événement est à l'Histoire : il met certes du désordre dans le présent, mais il permet corrélativement d'ordonner le passé, d'en établir une chronologie intelligible.

Or, n'est-ce pas par cette notion d'interactivité que l'État, de l'aveu de son ancien ministre de l'Éducation Claude Allègre, interprète les aspirations de nos élèves : « Ce qu'ils veulent, c'est inter-réagir. » * La connaissance et la culture abdiquent face à la communication globale et à la connexion interactive des savoirs. Le barbarisme du ministre, sous-tendu par le paradigme informatique, reflète une effrayante logique dont le Loft est l'aboutissement ludique et l'École le champ de bataille. Pour faire de nos futurs citoyens éclairés de dociles consom-

---

* Entretien publié par le quotidien *Le Monde*, cité par Adrien Barrot *in L'Enseignement mis à mort*, E.J.L., 2000.

mateurs, il suffit d'éteindre les lumières de leur raison avec un cocktail attractif de divertissements et de publicité. Microloft : Internet et sa bibliothèque infinie les dispensent de connaître par eux-mêmes ; micro-ondes : les savoirs congelés seront à réchauffer et à ingurgiter, telles les données encyclopédiques transmises directement au cerveau dans le film *Matrix*. « Connexion avec le Loft », précise le sous-titrage quand aucun scénario ne s'esquisse, quand la vie suit son cours monotone. De l'ère de l'individu nous passons à l'ère des connexions humaines et de leur parfaite traçabilité *. Les jeunes ne sont plus censés espérer la venue des extra-terrestres mais surfer au-dessus de la Terre, dans l'espace inter-communicationnel, avec un sens profond des réalités... virtuelles. La publicité des années quatre-vingt-dix, déjà dispensatrice de la morale marchande et des nouvelles valeurs, leur intimait l'ordre de se connecter à eux-mêmes sans réfléchir (« *Just do it* », « N'écoute que toi », etc.) ; en 2001, elle sponsorise l'interconnexion, l'inter-communication. Dans un spot pour une boisson gazeuse, les jeunes rotent des « Hello ! » et

---

* Lire à ce propos les analyses éclairantes d'Alain Finkielkraut et de Paul Soriano dans *Internet, l'inquiétante extase*, Mille et une nuits, 2001.

sont pris pour des Martiens par les scientifiques attardés ; slogan : « Passe le *fun* autour de toi ! » L'être émotionnel, dépossédé de ses émotions, n'est plus qu'un vecteur, un intermédiaire, un relais par lequel elles transitent, numérisées. Contagion hygiénique. L'idéologie capitaliste a littéralement sabordé l'École publique, livrant les élèves à une prostitution de leurs désirs, et ce avec l'appui malicieux de l'État français.

Le Loft est un *chat* miniature. Dans cette agora virtuelle, l'important est moins d'échanger que de garder le contact. Rester branché. Le public se connecte aussi, mais sans « clavier », sans interface, c'est-à-dire sans pouvoir intervenir directement sur le traitement de l'information. Il se rattrape parallèlement, dans les nombreux sites « pirates » consacrés à l'émission, ou encore dans les *chat* où les rumeurs naissent, enflent et circulent à haut débit. Frustré, le public regarde sans y mettre les doigts. Il est tenu à l'écart d'une communauté dont il croit connaître tous les codes secrets. Ici, le « vote » n'élit pas : il élimine. Par cette mise à mort, le public intervient enfin ! Et il se venge. *Catharsis*, purgation des passions ; le propre d'un spectacle efficace, en somme. Signe d'une étonnante inversion : le Loft offre, pour celui

qui ne peut y évoluer mais assiste donc
– comme objectivement – à son évolution,
l'image d'une malléabilité optimale du réel.
C'est l'extérieur, le dehors qui effraie tant les
candidats, qui se veut carcéral, abscons, incon-
trôlable. Les codes manquent pour y surfer. Les
connexions avec les autres y sont pénibles et
saccadées. Les réseaux de télécommunication
ne couvrent pas tout le territoire. « Je ne vais
pas décéder parce que je pars ! », remarque
Jean-Édouard pour se rassurer. Phrase insolite
lorsque l'on sait que le verbe vient du latin
decedere, « s'en aller » ! Comprenons le Décès
comme une mort *vécue*, non comme la mort
réelle. Le Décès est le terme d'un mouvement
mortifère, terme jamais réellement atteint
puisque l'être vivant qui tend vers la mort n'en
reste pas moins vivant. Il s'agit d'une mort inté-
rieure, comme peuvent l'être la mélancolie ou
la dépression, et par laquelle nous faisons le
deuil de l'être expansif, extraverti et exubérant
que nous étions. Excès impossible : l'extériorité devra être atteinte du dedans, depuis la
tour d'ivoire, sous la carapace. Certes, nous
communiquons avec la surface après notre ren-
trée en nous-même, mais cette connexion se
réduira à des messages cognitifs dépourvus
d'affects, car le dedans et le dehors ont cessé

d'être des vases communicants. Le Décès est bien la mort de l'enthousiasme qui nous lie émotionnellement aux autres. On ne transmet plus de passions ni d'affect mais seulement des informations, pures, précises, sans chaleur. L'homme branché en réseau quitte le monde d'ici-bas ; le fétichisme des portables l'absente du présent. Il tend vers l'ordinateur et l'ordinateur tend vers lui – un seul décédera de cette funeste rencontre.

« On se quitte avec le Loft », conclut le présentateur à chaque fin d'émission. Le Loft est en effet le moyen terme entre le départ et la continuation, le manque et ce qui le comble. Avant Aristote, les Stoïciens font du juste milieu (*mésotès*) le principe même de la vertu : il faut chercher en toute chose la tempérance, la modération, c'est-à-dire ne basculer ni vers l'excès, ni vers le défaut. La vertu *made in Loft*, la vertu du bon téléspectateur, est tout autre. Elle consiste à « se quitter avec », à partir sans se défaire des liens. Si elle reste un milieu, c'est au sens d'environnement, non au sens d'équilibre entre le trop peu et le trop plein. Elle est le milieu vital de tous les intermédiaires, la conjonction de la présence et de l'absence et, corollairement, la réduction de leur dualité en un cosmos clos et ouvert, fictif

et réel, privé et public, beau et laid, ensorce-
lant et exécrable. Monisme scissionnaire : les
contraires y sont fusionnés en une unité élec-
trique, volcanique, *pratiquement* impossible.
On ne quitte point le Loft : on continue avec
lui, ou plutôt il continue avec nous. De là sa
force d'attraction aimantant les esprits. La
morte vie du Loft se poursuit même télé
éteinte, elle résiste aux zappings les plus
furieux, y compris à la volonté – forcément
déçue – de ne rien en connaître. Nous croyons
englober le quotidien du Loft quand c'est le
Loft qui pénètre le nôtre et force nos regards.
Comment ne pas y succomber? Sans doute en
y regardant à deux fois.

Les défis et soirées qui peinent à égayer la
monotonie des participants sont signés « Le
Propriétaire du Loft », histoire de leur rappeler
qu'ils ne sont pas chez eux. S'ils obtiennent de
bonnes notes, leur mac leur donnera plus d'argent pour leur approvisionnement quotidien.
Survie de prostitués oblige, pour un *merchan-
dising* des sentiments humains. La nourriture
s'apprécie, elle aussi, en prix de revient, ou en
calories – elle non plus n'a pas d'odeur. Kenza
et Laure, prêtes à tout pour rester, passent leur
temps à « bouffer » et se plaignent d'une prise
de poids détestable depuis leur arrivée. Steevy,

lui, ne pense qu'au fric que son image de gai luron lui rapportera. Sourire nigaud et vague regard de lobotomisé (comme celui de Loana), il fait ses adieux à Aziz en lui disant « d'assurer » avec les producteurs, d'être « à la une ». Trente-huit mille candidats étaient prêts à participer à cette expérience. Il y en aura bien plus lors des prochaines sélections, car la quasi-totalité de la jeunesse actuelle voit dans l'argent l'adjuvant indépassable d'une vie réussie, après la santé – condition nécessaire. « La Chanson de la plus haute tour » n'est plus à leur portée, et l'errance de Rimbaud rend compte à leurs yeux d'une idiotie inconcevable : « Comment s'y est-il pris, avec tout ce talent, pour ne pas se faire des couilles en or ? » Ainsi s'interroge la jeunesse, non pas industrieuse, fugueuse, passionnée et rebelle, mais satisfaite par des « emplois jeunes » et des besoins de consommateurs à ravitailler.

> *Oisive jeunesse*
> *À tout asservie,*
> *Par délicatesse*
> *J'ai perdu ma vie.*
> *Ah ! Que le temps vienne*
> *Où les cœurs s'éprennent.*

Benjamin Castaldi se pose en victime et bourreau, en chef de rang, en délégué tête à claques, mandaté par les patrons pour assurer le rendement de la main-d'œuvre. Il représente ainsi l'employeur type. Ni *big boss* (*big brother*), ni lofteur – interlocuteur à la neutralité ambiguë. Les questions qu'il pose aux psys ne sont pas là pour rassurer mais pour boucher les trous, sécuriser l'expérience loftienne et lui apporter un crédit de professionnels. Lorsque la porte du Loft reste malencontreusement bloquée pour libérer Aziz, il zappe sur un psy comme le téléspectateur claustrophobe aurait pu changer de programme. De toute façon, l'attente sera supprimée au montage, pour l'inévitable rediffusion du lendemain ! Dangers du direct que les psys colmatent en faisant, au passage, leur clientèle. *Tout bénef'* ! Le public préfère *Loft Story* au *Bigdil* de Lagaf' et nous le comprenons. Mieux vaut une émission vulgaire (du latin *vulgus*, « peuple ») qu'une vulgaire émission. Dans les deux, il ne se passe rien, mais dans la première un imprévu, quelque chose qui échapperait au contrôle de M6 aurait une incidence énorme sur les épisodes suivants, tandis que la seconde tourne en rond, hurlante de lumière et de bêtise. Le public est fasciné parce qu'il espère une perte de contrôle de la chaîne, il attend un dérapage, un clash, voire une rébellion interne. Mais les équilibres qui naissent dans l'enceinte du Loft ne font pas le poids puisqu'ils sont systématiquement déconstruits par l'élimination. La roue tournant sans trêve, les piliers ne tiennent guère long-temps. Aucun contrôle juridique pour le « dépouillement » du vote : les chiffres entre-tiennent magiquement le suspense et le taux d'appels. En quelques minutes, les pourcen-tages calculés à partir de millions de vœux peu-vent ainsi en quelques minutes basculer en faveur du candidat choisi par la chaîne. Émis-sion mensongère, estimations mensongères, vote mensonger à faire partir en fumée la vali-dité des vrais scrutins électoraux. Émission ignifugée : le public n'y voit que du feu, mais rien ne brûle. Pas même un coup de soleil.

L'Autre Émoi

Dans les analyses suivantes nous aborderons les concepts, issus de notre philosophie, que doivent garder à l'esprit les spectateurs qui réprouvent l'émission sans percevoir clairement les motifs de leur irritation.

Tout d'abord, la notion de Je(u). Elle rend compte de l'identité problématique de tout un chacun, laquelle se donne davantage au travers des actes, des mots, des phénomènes dits « inconscients » qu'au travers d'une réflexion sur soi. Il n'y a pas de parfaite transparence de soi à soi. L'introspection est vouée à ne livrer qu'un aspect fragmentaire de l'individu, car la conscience garde un certain jeu – elle ne dévoile pas tout et joue avec ce dont elle nous prive. Mais la santé mentale consiste à ignorer ce jeu d'engrenages, ce leste salutaire. Notre Je(u) doit demeurer invisible, fluide, souple, pouvant s'adapter sans y réfléchir aux circonstances, aux désirs d'autrui, à l'aléatoire des rencontres et des enjeux. Dans le Loft, le Je(u) est au contraire exhibé ; il est, *stricto sensu*, la règle du jeu. Sous tous les angles, il s'agit de figer son Je en un tout compact, cohérent, homogène. Fuir l'hétérogénéité fantaisiste de soi avec soi : se ressembler au maximum pour ne pas perdre en perdant les autres, en les égarant par trop de sautes d'humeurs, de poésie, de comportements absurdes et inintelligibles. Se donner à lire (à voir) sans nuance ni contradiction. Se crisper narcissiquement sur son Moi pour être sans cesse « raccord » avec soi-même, comme on le dit dans le cinéma. Tandis que le Je(u) atteste du décalage irréductible entre l'essence et l'existence d'un individu, le Moi peut être compris comme la solidification de ce Je(u) – « temps mort ! » –, c'est-à-dire l'unification de toutes les possibilités d'un être en un modèle unique, un système clos, une « étiquette », un style propre et immuable. Pour gagner, il faut se prédéfinir. Ne pas être multiple, mais univoque ; ne pas surprendre, mais prendre sur soi afin de rester toujours égal à son Moi. Ne pas évoluer, mais persister coûte que coûte dans une équation de soi-même. Devenir une personnalité virtuelle, calculable, anticipable ; cela revient à mettre entre parenthèses le vivant désir qui anime le Je(u), pour gagner la partie, pour rafler la mise. La corrida à laquelle *Loft Story* nous propose d'assister, c'est celle d'un torero devant mettre à mort, d'une mort ritualisée et spectaculaire, le taureau sauvage, brutal et imprévisible qui est en lui. L'homme désirant y doit sacrifier l'impétuosité de son désir pour un désir décidément virtuel, archétypal, désensualisé.

Notre philosophie, que nous nommons « thumétique » (du grec *thumos* : « impétuosité », « colère », « véhémence ») a pour vocation de comprendre la dégénérescence du corps dans le monde actuel ainsi que les voies d'un rétablissement. On saisit alors pourquoi le Loft en constitue un objet d'investigation non anecdotique, car il révèle la fascination de nos contemporains pour l'expérimentation des limites du corps. En France, l'émission peut d'ailleurs laisser la place à une vertigineuse escalade des contraintes et des souffrances des candidats, comme on peut déjà la constater ailleurs. Les psychanalystes ont beau être « diplômés », comme le précise M6, ils arriveront toujours trop tard, tels les médecins qui encadrent l'arène ou le ring. Les candidats accèdent à la notoriété dans la souffrance – les psys sont payés pour la cautionner et, avec elle, le Loft tortionnaire. Des chirurgiens recousaient bien les plaies des gladiateurs pour qu'ils poursuivent le combat et qu'ils finissent éventrés. Là-dedans, il s'agit plutôt d'un suicide collectif orchestré par des producteurs-gourou. Harakiri. Pour gagner, il faut jouir sous la torture et sourire à la caméra. Dans leur interminable casting les lofteurs, sportifs de l'abstraction d'eux-mêmes, se révèlent être des martyrs. La clef de leur notoriété réside dans la sacralisation de leurs stigmates par la grand-messe médiatique. On se souvient des films *Le Prix du danger* et *Running Man*, son remake SF : gagner la partie ou mourir en direct – devenir héros ou martyr. Au sortir du Loft, les exilés sont fêtés comme de nouveaux saints, applaudis à chaque niaiserie balbutiée, poursuivis par les fans, récupérés par les maires, entourés de gardes du corps, de photographes et de caméras, toujours. Une étoile est née. Une étincelle. « Un pétard mouillé ». La chronologie est inversée : on assiste d'abord à l'intimité d'un inconnu, que l'on croit donc connaître par cœur lorsqu'il sort prendre son premier bain de foule, que l'on reconnaît dans la rue puis que l'on adule. C'est ainsi que les graines de star, en 2001, acquièrent leur diplôme de vraie star. Au siècle précédent, les stars émergeaient lentement de l'ombre et brillaient par leur génie ou leur charisme. Les fans enquêtaient sur leurs histoires personnelles, jamais totalement divulguées : elles entretenaient le mystère. Aujourd'hui, on livre l'intimité de Monsieur Tout le Monde, à grand renfort de scoops et de révélations, de bruits et de « relookage », et le voici vénéré. Plus l'intimité est diffusée, plus Monsieur X gagne en aura médiatique.

Loft Story ou *Graines de stars* ridiculisent la starisation en jouant sur son principe : si le quidam est une vedette en puissance (fantasme de l'opinion moderne depuis Warhol), la télévision permet un passage à l'acte spectaculaire. Tous à la une ! En Grèce, les vainqueurs aux agôn, gymnastes accomplis, étaient eux aussi célébrés comme des demi-dieux. La gymnastique loftienne se veut, elle, psychologique, le temps d'un « psycho-jeu de rencontre » *, le temps d'une agonie. Mourir à soi-même pour renaître face aux autres, pour ressusciter en superstar. Tout donner, jusqu'au plus pur dépouillement de soi-même − telle est la nouvelle charité de mise. Abnégation de sa propre gravité, jugée trop lourde et égocentrique, parce que tout doit prêter à la fête et au « délire ».

---

* Règlement de Loft Story, article 2.

Délirer, c'est « ne rien changer », « rester tel qu'on est ». Délirer, c'est se rendre immuable, indéfiniment égal à soi-même, autrement dit cesser de vivre, de s'instruire et d'évoluer, ravaler sa rage et sa façade, faire *bella figura* dans l'adversité. « Surtout, ne changez pas ! Délirez ! délirez ! délirez ! », conseille Aziz en quittant ses camarades.

Une fois interviewés, les ex-lofteurs parlent pourtant d'une « expérience inoubliable » et déclarent avoir beaucoup appris sur eux-mêmes et sur les autres. Comprenons cette contradiction comme l'indice évident d'un double jeu non assumé : dans la mesure où ils ont dû s'adapter, s'exposer, se mettre en scène, leur Je(u) n'a jamais pris fin. Il leur a fallu l'étouffer, rester fatalement ce qu'ils sont malgré tous les changements qu'ils subissaient. Vivre dangereusement était pour Nietzsche le seul devoir possible. Il visait l'accomplissement de soi : « Deviens ce que tu es ! », c'est-à-dire ce que tu n'es pas encore. Il est de bon ton, aujourd'hui, d'éviter le danger sous toutes ses formes et, par conséquent, la vie elle-même : « Reste ce que tu es ! », c'est-à-dire ce que tu es déjà. Puisque la vie est imprévisible, ne cherche pas à jouer son jeu incertain : joue ton Je(u) sans coup férir, jusqu'au bout ! La fidélité à soi-même, principe de la responsabilité, de l'engagement et de l'honneur, se dégrade dès lors en lâcheté et en pusillanimité : inutile, en effet, de répondre volontairement de ses actes puisqu'ils émanent naturellement (mécaniquement, fatalement) de notre personnalité. « Je suis comme je suis », répètent en chœur les candidats et les élèves. Traduisons : « Je n'y peux rien ! », comme si le Je(u) n'était pas le leur. Mauvaise foi revendiquée sans vergogne. Comme s'ils ne pouvaient plus s'imposer des règles, des devoirs. Comme si, privés de gouvernail, ils leur était impossible de s'auto-discipliner, de se gouverner eux-mêmes, de décider de leur propre devenir. Tout est pris comme fatalité – *mektoub*, « c'est écrit » – ou comme enchaînement mécanique de causes et d'effets sans que l'élève, impuissant de lui-même, ne puisse rien y faire. Docile, il suit le courant. Que celui-ci le conduise à des idéologies ignobles, il n'en sera guère troublé. En 2001, la complaisance de la jeunesse laisse à nouveau le champ libre au pire fanatisme, et rares sont ceux qui perçoivent ce retour possible aux plus sombres heures de l'Histoire *.

---

* Nous espérons prolonger, dans notre analyse de la jeunesse française actuelle, le bouleversant cri de détresse de notre confrère, Adrien Barrot, *op. cit.*

Puisse-t-elle lire le présent ouvrage et apprendre à regarder d'un œil véritablement critique et éclairé le succédané de culture et de valeur que lui imposent les divertissements modernes ! *Loft Story*, dans ce domaine, marque l'avènement du crime (virtuel) et de l'argent comme uniques valeurs capables de donner un sens (virtuel) à la vaste blague qu'est la vie.

Par Excès, nous désignons le mouvement vers l'extériorité, le dehors, le hors-de-soi. L'Excès est sollicité sans interruption au sein du Loft. Extériorité du candidat, dépossédé de lui-même et happé par les caméras. Tout le pousse à s'éclater au sens littéral du terme, sans autre régulation possible que la friction avec l'Excès d'autrui. Bras de fer sans relâche, condamné à l'épuisement des nerfs. Paradoxe : la logique d'enfermement de l'émission oblige le candidat à adopter une logique d'ouverture totale. Gagnera le plus « ouvert », celui qui exhibe le plus naturellement son Moi. Propagande médiatique louant la dictature de la sociabilité telle qu'elle sévit au sein du groupe, de la classe ou de l'entreprise.

Inversement proportionnel à l'Excès, l'Accès correspond, dans la philosophie thumétique, au mouvement vers le dedans, vers l'intériorité, l'intime repli en soi-même. Tel l'accès de fièvre, il ne s'extériorise jamais dans la réalité, aussi intense soit-il : il invite au contraire l'extériorité à plonger en lui, à s'y abîmer jusqu'à la brûlure, jusqu'à l'oubli de soi. Tandis que l'Excès est projection du corps dans le monde, l'Accès est aspiration du monde par le corps. Dans le Loft, les états d'âme doivent être extériorisés sitôt esquissés : l'Accès est perçu comme de l'égocentrisme, la sérénité méditative comme de la morosité malsaine à dissiper de toute urgence. Nulle place réservée à la contemplation dans la mesure où ce sont les lofteurs que l'on contemple. Accès interdit. Cela explique l'indigence de leurs échanges, l'absence d'activités intellectuelles comme la lecture ou les jeux de stratégie – le jeu de stratégie qui les implique 24 heures sur 24 ne leur laisse pas le temps de revenir à eux. Jusqu'au confessionnal, l'Accès est anéanti puisque tout le monde est censé accéder aux peines et aux tourments des candidats. Ces derniers tentent de ne pas tout donner, de ne pas exposer tout leur jardin intérieur aux projecteurs, mais ils entrent alors en conflit avec la contrainte du lieu et doivent résister psychologiquement au viol et au pillage de leur Accès : « Je ne cache rien, apprend Delphine à *Télé Star*, mais tout ce qui me semble

trop personnel, je me le suis gardé pour moi. »
Conflit exténuant entre le principe même du
jeu et le joueur qui, pour gagner, doit tricher le
plus longtemps possible.

La salle de bains, habituellement lieu pri-
vilégié de l'intimité, devient un lieu de passage et d'exhibition. Pour éviter les grasses
matinées, les douches interminables et garan-
tir une connexion maximale des membres
entre eux, ils ne disposent que d'une heure
d'eau chaude le matin. « Tout le monde utilise
les serviettes de tout le monde », apprend
Laure à Fabrice, le clown remplaçant. Autant
dire que personne ne s'y retrouve. De lieu de
l'Accès au verrou pudiquement fermé, la salle
de bains s'est transformée, sous le feu des projecteurs, en un lieu d'accès, un lieu (grand)
public, LE lieu de rencontre entre voyeurs et
exhibitionnistes. La nudité de ces derniers circule par les voies d'accès, les réseaux, les flux,
jusqu'à se répandre excessivement hors de
leur sphère propre.

Le monde de la chair, rayonnement intime
de l'être, est ainsi haché menu par la technologie audiovisuelle. Non plus chair cachée, dis-
crète, nimbée de mystère et de désir, mais
chair-à-caméras pour le *fast food* géant rassa-
siant tous les appétits. Pour gagner, il faut

continuellement que le candidat expose ses affects, ses troubles, ses pensées, afin que l'on puisse le dévorer des yeux. L'œil est d'ailleurs le logo de l'émission, marque de fabrique arborée par les participants puisqu'elle figure sur leurs casquettes, leurs T-shirts, à l'instar des vendeurs en uniforme MacDo. Aziz juge Kenza « trop vulgaire » et la traite de « baleine » lorsqu'elle se montre tendre. – « Quand elle me dit "je t'aime", on dirait qu'elle commande un *Filet-O-Fish* ! » déplore-t-il, excédé. À son départ, il n'emportera pas l'emballage, le slip qu'elle lui laisse en souvenir. *Loft Story* marque en effet le succès du *fast food* et ses déclinaisons en produits annexes : vite bu, vite nu, vite lu, vite vu. Service immédiat. Beaucoup d'édulcorants, d'additifs et de matières grasses pour un degré zéro de la convivialité et de la consistance. Tout s'y manifeste avec éclat, mais rien n'y a la sapidité des relations d'antan. Photos et CV montrent des personnes appétissantes, pimpantes et savoureuses ; mais, au même titre que les hamburgers, le goût déçoit dans les pupilles : trop trafiqué, trop rudimentaire. Y a pas photo – y a pas rencontre. Sans relation réelle avec autrui, l'Accès qu'il met en scène et avec lequel on espère entrer en contact ne peut avoir la succulence de l'intimité. La vie privée est, par définition, privée au public : ils ne peuvent jamais être bien nombreux, ceux qui collent leurs prunelles au trou de la serrure.

Ne jamais reconnaître, comme Francis Cabrel : « Je suis quelqu'un de l'intérieur. » Tout dehors, tout le temps. « Y a pas d'problème ! Je suis ouvert à tout ! », clame Aziz, premier nominé *out*. Les problèmes personnels, les interrogations, les angoisses et les difficultés de l'être sont en permanence accessibles, tout le monde doit pouvoir s'y connecter selon les nécessités de l'instant. Sur Internet, les webcams témoignent de la « vérité » des êtres, réduite à leurs habitudes, leurs ébats, leurs échanges, leur banalité qui devient le nôtre. Différences sociales estompées, métissage et insipidités culturelles amenuisant les particularités ethniques : le Loft est un *melting-pot* miniature, un *milk-shake* de jeunes qu'aucune singularité propre ne distingue ni n'oppose franchement. L'indépendance et l'autonomie individualistes y sont les vices à proscrire. Steevy s'étonne et critique à mi-mots David qui « délire tout seul », dans une solitude de saltimbanque détraqué devant un auditoire invisible. Comment peut-il faire pour se passer de toute connexion ? C'est qu'il préfère se connecter aux caméras, en bon comédien qu'il prétend être, plutôt qu'aux autres pions du micro-réseau loftien. Son délire ne durera que quelques jours et déchaînera des fans partageant la même étrangeté *space*-associale. Être bizarre, « *weird* », n'est pas la stratégie efficace pour remporter l'adhésion maximale. C'est juste ce que certains jeunes trouvent encore pour extérioriser leurs révoltes, du moins ce qu'il en reste. Ne pas faire comme tout le monde pour résister à l'oppression conformiste de la meute – ne pas « communiquer », jouer les autistes, les vrais fous, opposés aux « oufs » gentiment déments et prévisiblement déjantés.

Monde à l'envers. Le « *Ninguna problema* » des conquistadors nous revient du Nouveau Monde en un « *No problemo !* » sauce latine. Le film *Terminator 2*, dans lequel un jeune ado apprend à un ordinateur à être cool, utilise l'expression, pouce levé vers le haut, comme la maxime suprême conduisant au bonheur. L'ataraxie des sages de l'Antiquité, l'absence de trouble et d'agitation de l'âme, demandait une réflexion active sur la source de nos affections ainsi qu'un exercice intellectuel continu pour s'en affranchir. Le « *No problemo !* », en revanche, ne renferme aucune positivité. Il évite le stress et, concevant la réflexion comme une « prise de tête » (un effort condamné à échouer, donc vain), il méprise toute forme d'inquiétude. Sans cette dernière pourtant, aucun progrès individuel n'est possible. Être « tranquille », c'est, pour nos élèves, l'attitude absolue de celui qui jouit sans effort de l'existence. Plutôt que d'œuvrer énergiquement afin d'atteindre la tranquillité après le labeur comme une récompense finale, on part d'elle et on évalue tout à son aune. Mais a-t-on seulement vu une jouissance sans fatigue ?

La jouissance elle-même est méprisée car elle demande une activité réelle, une entière participation de l'être ; elle demande de la patience, le temps qu'un crescendo grandisse et l'atteigne comme son point d'acmé. Être « tranquille » c'est, en revanche, profiter d'un bien-être immédiat, sans exigence ni corvée. Les élèves, quand ils sont aimables, affichent alors souvent la sérénité de petits veaux, tranquillement inquiets, tranquillement béats, tranquillement là, ruminant leurs chewing-gums d'une succion calme et lente. La connaissance est un biberon : on le tète sans se prendre la tête (telles Loana, la poupée siliconée du groupe, ou Delphine, la hippie hippique écolo). Leur bonne volonté n'est pas une volonté les disposant au travail, mais la douce placidité de consommateurs télévisuels. Ils regardent sans trop comprendre, et comprennent tranquillement ce qu'ils peuvent, sans s'élever d'un pouce. Quant aux plus agressifs, leur intranquillité provient moins d'un désarroi existentiel que d'une réaction (immédiate) face à une situation ingérable. La fameuse crise d'adolescence est devenue un mythe. Tout au plus parlera-t-on d'un flegme que certaines épreuves peuvent malmener sans véritablement risquer de l'évincer – études, discipline, emploi, ennuis familiaux. L'ado 2001 est un enfant ayant vendu sa turbulence gratuite contre une turbulence de consommateurs, seule capable, à ses yeux, de le conduire vers une vie active tranquille, aux plaisirs immédiats et aux responsabilités minimales.

Les Agités du bocal

Désœuvrement tenace, qu'aucune énième partie de cache-cache ne parvient à dissiper. Les veillées de colonie de vacances proposées tous les trois jours aux lofteurs n'ont pas de sens, car rien n'a de sens dans leur cachot kitch. Tout y sonne faux : leurs amitiés, leurs déguisements, leurs déclarations, leurs flirts, leurs coups de gueule. S'il est possible de surprendre la vérité des sentiments lorsque les gens sont filmés à leur insu, sous les feux de la rampe les habitants deviennent nécessairement les protagonistes d'un scénario qu'ils élaborent (d')eux-mêmes ; comment un sens pourrait-il dès lors advenir ? Dans la solidarité la plus criarde ils n'en restent pas moins solitaires. Le vide à combler n'est pas l'ennui, le temps qui s'éternise, mais une absence de sens – angoisse que les gains et les promesses futurs ne peuvent encore apaiser. Pascal critique le divertissement, agitation stérile qui empêche de penser à soi-même et de constater sa misère véritable. Là-dedans, le divertissement est la règle du jeu. Dynamite de groupe. Zoo faussé, dans lequel les animaux ne s'ennuient jamais mais se bousculent, gesticulent ou copulent avec une frénétique exubérance. Un zoo est morbide justement parce que les animaux projettent un ennui et une détresse pathétiques; mais le Loft est, rappelons-le, un zoo idéal : s'en plaindre risque de nous en faire définitivement sortir, et en sortir est la punition suprême ! Sourire dans la cage, faire semblant d'y être à l'aise, comme chez soi, tel est la stratégie efficace pour ne pas être gênant vis-à-vis des codétenus et pour tromper l'opinion. Zoo idéal parce que les animaux y sont des hommes, et que, partant, une vision anthropomorphique est légitime : plutôt que de s'identifier au tigre, à la girafe ou à l'orang-outang, on peut s'identifier à des super-héros qui n'ont d'héroïque que leur absence de résignation, de lassitude et de morosité.

Deux sortes d'agitation permettent un roulement rentable :

1/ l'agitation physique d'abord, très télégénique pour capter l'attention. On court, on se trémousse, on se chamaille, on se porte, on fait la roue, et même sur place on sautille. L'acte

suprême étant le coït en direct, explosant tous
les standards, saturant le Web et faisant jouir la
France entière. Peu importe qu'ils ne mettent
pas de préservatifs, qu'ils y mettent de l'ardeur
ou de la tendresse, pourvu qu'ils se mettent.
L'agitation physique est ancrée dans la vulga-
rité, l'étalage de la chair déspiritualisée et des
plastiques impudiques. On se masse, on se
malaxe, on s'étreint. On se cherche. Mais le
mystère, la magie et le charme, c'est-à-dire tout
ce qui n'est pas flagrant, transparent, extérieur,
tout ce qui résiste au dévoilement, au pillage
médiatique, tout ce qui donne finalement un
sens aux effleurements et une profondeur à la
séduction a bel et bien disparu. Devant les
caméras, ne restent que les corps inertes, inani-
més, privés d'âme, de grâce et de poésie dans
la mesure même où ils participent mécaniquement à l'hystérie collective ;

2/ l'agitation langagière, ensuite. Blagues,
engueulades, aveux, le tout mâtiné dans un langage 100 % jeune. Privé de relation authentique, le confessionnal dans lequel les lofteurs
sont censés dire ce qu'ils ont sur le cœur est
d'ailleurs le lieu du mensonge avéré : la
« confession » se transforme en stratégie élec-
torale, le recueillement en recueillement des
voix. Tout taire à la caméra de ce que nous

sommes, et dire ce que les autres sont, avec comme présupposé notre valeur supérieure puisque nous sommes à même de les évaluer. Car les habitants n'ont d'autre fonction que d'être les acteurs de leur propre rôle, de mettre en scène leurs propres désirs, de feindre d'être eux-mêmes pour ne pas connaître l'humiliation de l'élimination au nom de ce qu'ils sont.

Durant l'audition, on teste les nerfs du « sit-comer » amateur en l'insultant, on l'invite à effectuer un strip-tease, on lui demande s'il a déjà fait un test HIV, on le laisse seul dix minutes face à la caméra... Mais que sont dix minutes comparées à plus de cent mille (soixante-dix jours)? Les participants sont des prisonniers volontaires mais ne connaissaient pas leurs camarades de cellule. Tous ont été sélectionnés pour leur impudeur, leur capacité à combler les vides et leur fragilité – car tous devront craquer à un moment, pour pimenter l'action et, sur le long terme, prétendre à une future déchéance de star hollywoodienne. Rusé, David avait prévu un pot de Nutella et s'est mis à l'entamer, seul face aux caméras du casting, comme s'il était chez lui. Lorsqu'il propose de lui-même de faire un strip tease pour parachever son numéro, il convainc psys et producteurs. De toute manière les lofteurs ont déjà gagné et, comme ils se plaisent à le dire, « *c'est tout bénef'* ! » ; le feu de paille de leur renommée crépite dès l'émission de présentation. Le contrat de participation qu'ils ont signé les prévient même des risques psychologiques qu'ils encourent : le Participant est « parfaitement informé et conscient du fait que participer à l'Émission l'exposera, lors de son séjour dans la Maison, à des conditions de vie extraordinaires [terme fort ambigu pour celui qui maîtrise mal la langue]. En effet, durant ce séjour, le Participant aura une liberté de mouvement limitée et pratiquement aucun lieu d'intimité. Le Participant marque expressément son accord sur cela. Le Participant est par ailleurs conscient du fait que l'hypothèse de ressentir une pression psychologique doit être envisagée, autant durant qu'après son séjour dans la Maison. Il admet cette éventualité. Le Participant, en décidant de participer à l'Émission, fait un choix en tout point éclairé. Il ne pourra par conséquent, en aucune hypothèse, engager la responsabilité de la Société s'il venait à subir un quelconque préjudice moral, physique ou matériel, durant son séjour dans la Maison ou après celui-ci. » (Article 1.6). Ces lignes, vraisemblablement lues à la hâte et sans l'avis – pourtant conseillé – d'un juriste, n'ont pas dû marquer l'esprit de Delphine qui se demande au bout de quelques jours si les scènes de nudité (« à oilpé ») sont montrées au public, tandis que sur Internet nous la découvrons intégralement nue sous la douche. Continuant sur sa lancée, elle révèle à ces compagnons que son cœur est déjà pris, qu'elle n'a de « célibataire » que l'état civil. Pour la chaîne, la coupe est pleine. Il y a des choses qui ne se disent pas ; l'intimité a ses limites : les goûts pour l'échangisme (dont Delphine avoue être une adepte), la bisexualité ou l'homosexualité, tout ce qui sort d'une conception bigote du couple et d'une vision infantile du sexe. Émission grossièrement discriminatoire, qui bafoue le droit à l'intimité ou bien exige *a contrario* le silence quand cela l'arrange, en fonction des besoins narratifs. Cette participante, prétextant une hospitalisation soudaine, sera aussitôt remplacée par Kimy, tout aussi « nature » et « tranquille », mais parfaitement au courant de la teneur du jeu pour en avoir suivi les premiers balbutiements en tant que spectatrice.

Une tension naîtra rapidement entre Kimy et Laure, sur la sellette. Première tension larvée, retorse, cherchant à emporter l'assentiment des autres candidats en voulant faire baisser la cote de l'adversaire. Les tensions entre Aziz et Kenza étaient pour la plupart franches, assumées, d'autant plus virulentes que l'autre était en face et que l'on s'adressait directement à lui. Mais à partir du moment où les locataires réalisent, après la première élimination, qu'ils influent sur la cote de leurs camarades, le Loft se change en ring et les alliances doivent être conclues au plus vite. Panique à bord. Paranoïa aiguë après la période d'euphorie. Il faut d'abord se rattacher à un pair, fonctionner en binôme, pour accuser le choc à deux et s'épauler un peu plus sincèrement. Ainsi Steevy se plaint-il de ne pas avoir trouvé quelqu'un à qui se « raccrocher », d'être par conséquent obligé de se raccrocher à lui-même car les autres garçons forment déjà des duos. Bien que le jeu favorise l'éternel conflit opposant garçons et filles, les appréhensions ne sont pas de même nature dans les deux camps. Les filles restent farouchement individualistes : leur groupe, sans solidarité aucune, donne le spectacle navrant d'une guerre intestine. Les garçons semblent au contraire plus enclins à une franche camaraderie. Steevy, le gay américanisé par son diminutif et son style branchouille – T-shirt « 73 Arizona Campus » –, se retrouve logiquement isolé, nominant les filles que sa désinvolture sucre d'orge risque d'agacer (Loana et Kimy, mangeuses d'hommes) quand les autres garçons désignent à l'unanimité Kenza la battante boulimique et Laure la *jet set* pète-sec. Les garçons s'entraident et s'amusent ensemble – les filles s'entre-dévorent et conspirent ensemble. Curieuse démonstration de la différence des sexes : un garçon veut être aimé, une fille être la préférée. La construction narrative est fondée sur des clichés qui confortent chacun dans ses préjugés au lieu de les combattre. C'est ce qui rassure, énerve et divertit.

Loft Attitude

La chaîne parle de « fiction réelle », c'est tout dire ! En effet, rien n'y est fictif, mais rien n'y est réel non plus. À l'ère du virtuel, une dichotomie sépare la réalité de la fiction et instaure une relation non plus antinomique mais triangulaire : réalité / virtualité / fiction. Le virtuel ne saurait être un irréel qui se réalise. Il n'est pas non plus un réel s'irréalisant comme l'est l'imaginaire sartrien. Le virtuel n'est pas encore le possible du réel : il ne le vise pas, il ne l'imite pas, il n'en est pas l'analogue ni le caractère potentiel. Le virtuel, clivé entre fiction et réalité, demeure dans cet entre-deux sans être, en 2001, une médiation de l'un vers l'autre. Il est mélange, concrétion onirique, matière dense du désir, fantasmagorie vivante. Le virtuel est un songe que l'on élabore éveillé et que l'on parcourt consciemment. Il est un anti-rêve comme il y a une anti-matière. Le revers du rêve comme de la veille : l'envers de leur décor, le soubassement architectonique de leur architecture. Un être hypothétique, une hypostase désubstantialisée.

Il n'est pas né d'aujourd'hui, même si aujourd'hui les progrès technologiques nous permettent de l'expérimenter, d'en dessiner les contours, d'en calculer les courbes, d'en colorer la texture. Jadis, on l'appelait « utopie », description détaillée d'un nulle part irréel, endroit fictif, irrémédiablement retranché du monde comme l'est, à sa façon, le Loft – île perdue de nos chimères. Celui-ci, tel l'état de nature rousseauiste, rendrait compte fictivement de l'émergence de la société, du tissage de liens intersubjectifs. Terre vierge et inconnue, même si cette aventure moderne n'explore pas les contrées lointaines mais les lofts de banlieue ! Obnubilés par le passage de la solitude à la loftitude, nous croyons y reconnaître la genèse (jamais vue à la TV) des rapports sociaux, l'édification du droit, l'apparition de la civilité, de la moralité, de la politique et de l'amour. Utopique vision, titillant certes le narcissisme du spectateur mais intriguant surtout parce qu'elle prétend (dé)montrer la généalogie des rapports humains et des conventions qu'il faut édicter pour survivre ensemble. Quitter le navire est donc vécu comme un drame par les galériens, car cet abandon remet en cause leur capacité à ne pas s'entre-déchirer, en d'autres termes leur aptitude à former un corps social solidaire, suivant les mêmes rythmes et respectant des lois communes, car érigées par tous. La défection d'un membre le met hors-la-loi, et être hors-la-loi, c'est sortir du bocal ! Craquer, c'est se bannir soi-même. Mais la mort symbolique s'apparente à celle, virtuelle, des jeux vidéos : une existence en remplace automatiquement une autre. Tout d'ailleurs pousse les individus à cran, car ce laboratoire (encerclé par des murs, des rails de travelling, des projecteurs, des producteurs et des psys) expérimente la décompensation humaine en interdisant, par élimination hebdomadaire, cela même que les individus s'acharnent à recréer : l'établissement d'une communauté viable. Contrat biaisé d'avance, stipulant l'absurdité de se lier d'amitié les uns avec autres dans le moment même où il préconise l'exhibition de liens virtuels. Il s'agit donc bien d'un jeu virtuel que le spectateur, leurré par l'écran de sa télévision ou de son ordinateur (miroirs de ses désirs), prend pour un lieu utopique. L'adolescence connaît pourtant un tel lieu, qui ressemble au Loft par sa cou-

pure avec le monde extérieur mais s'en diffé-
rencie radicalement quant à ses enjeux : la
classe. Notre collègue Robert Redeker décrit de
façon limpide l'utopie scolaire, dans un article
du *Monde* * : « L'idéal auquel le reste de la
société n'est pas ajointé existe dans ce lieu
clos, qui prend certaines apparences de l'utopie. Quelle utopie ? Celle d'une communauté
des esprits libérés de toutes les influences de
la société (ou plutôt : s'attachant à s'en libérer)
et associés par la raison. [...] Humanisme de
l'école : de chaque enfant faisons un homme.
Politique de l'école : engendrer de génération
en génération la République. "Quelle est la première partie de la politique ? – L'éducation", a
écrit Michelet. » Car cette utopie est en passe
d'être entièrement contaminée par le virtuel :
« Ces discours qui allient la superstition tech-
nologique avec quelques vagues proclamations
républicaines trahissent malgré eux le parti
qu'on a pris de substituer la mercantile utopie
Microsoft à la politique utopie scolaire, l'utili-
tarisme des formations à l'humanisme de
l'enseignement, à la fabrication d'internautes

---

* « L'école doit-elle fabriquer des internautes ou instituer des
citoyens ? », 12 septembre 1997. Pour une analyse de cet
article et de plus de soixante-dix extraits expliqués concernant l'éducation, voir notre ouvrage *Concours de professeur
des écoles – Dossiers d'entretien*, Vuibert, 2000.

(leur multiclonage dans les murs de l'école) l'institution républicaine des citoyens. » Le Loft est une classe sans utopie. Il possède tous les attributs d'un internat pour Internet, mais sans professeurs, sans cours, sans contenu. Forts de nos précédentes analyses (voir le chapitre « Benji la malice »), nous voyons que nos classes tendent à devenir ce Loft sans esprit, sans raison, sans intérêt. Chambres pour étudiant virtuels, sans matière ni devoirs, sans autre goût littéraires qu'*Astérix* (dont le suspense insupporte Steevy) ou le *Quid* (*Trivial Pursuit* portatif de Loana). Qu'est-ce que connaître quand la culture a déserté les lieux ? – En savoir plus que les autres et les écraser, tel Philippe qui massacre non sans humour ses camarades dès qu'il trouve la capitale d'un pays. Revolver, mitrailleuse, bazooka. Tous les moyens sont bons pourvu qu'on ait l'ivresse. Celle de s'intégrer en désintégrant.

Tels Sisyphe ou Tantale recommençant éternellement la même tâche, les colocataires recollent indéfiniment les morceaux d'une communauté qui se délite. Agrégat qui se désagrège et qu'il faut recomposer vaille que vaille. Peau de chagrin sociale où le couple l'emportera sur la multitude. Tout y est perdu d'avance – tout y semble à bâtir et à édifier. Tout y est joué d'avance – tout y semble à réaliser. Les mots de René Char dépeignent cet acharnement illusoire, cette asymptotique communion qui brassent fébrilement du vide. Transcender le Loft par la poésie ; résilier le bail.

> *Le Temps travesti en chambre à miroirs les prend en haine et les mystifie. Qu'importe ! La flottille de leur vanité mouille dans un rade à la mer d'huile.*
>
> « Cruels Assortiments »

« Mer d'huile », l'utopie est cependant à distinguer du virtuel. Elle soutient une réflexion axiologique, c'est-à-dire portant sur les valeurs. Elle dresse en creux le portrait de la société de l'époque ; elle la critique (comme chez More) ou anticipe ses dérives totalitaires (comme chez Orwell, dont son ouvrage, *1984*, a été emmené par Laure *). L'utopie est intentionnelle : elle n'existe que pour engendrer, renforcer ou condamner des valeurs. Le virtuel, en revanche, atteste du déclin des valeurs ou plu-

---

* Les candidats étaient autorisés à n'emmener qu'un livre, une BD ou un magazine ainsi qu'un instrument de musique. La lecture privée demande en effet une concentration qui suspend l'agitation, donc risque d'ennuyer le téléspectateur.

tôt de leur mutation quantitative. Il est le résultat de la conversion de la force réelle (la *virtù* de Machiavel, pour une étymologie fantaisiste) en taux quantitatif ; conversion de la grandeur intensive en grandeur extensive. Les qualités y sont des proportions, les actes des programmes, les projets des logigrammes. Cela fonctionne comme si c'était réel, comme la réalité. Le virtuel est un réel calculé, mécanisé : une pure simulation sans profondeur ontologique, un être qui n'a pas d'être même s'il en possède tous les attributs. Il n'y a plus rien à défendre ni à rejeter – rien qui vaille la peine. Tous les efforts tendent vers l'abolition de l'Effort, intellectuel comme physique, et cette lassitude fait du virtuel un havre de paix où l'on ne cherche rien puisque rien n'est donné. « Plus d'effort à faire, si ce n'est mes pulsions primaires à satisfaire » clament les rappeurs de N.T.M. (dans *Le Rêve*). Le Loft est bien cette maison virtuelle, aux amitiés virtuelles, aux larmes et aux baisers virtuels, c'est-à-dire ayant réellement lieu, mais « pour de faux », comme disent les enfants dans leurs jeux plus vrais que nature. À force de tout y simuler sans dissimulation possible, les habitants, de réels qu'ils étaient, se virtualisent. C'est à celui qui simulera jusqu'au bout, en apnée dans la piscine de l'identité réelle, évitant la noyade ou l'asphyxie. C'est à celui qui touchera le fond virtuel de la piscine et s'éloignera le plus, autant que sa santé mentale le lui permettra, de la surface tangible des choses. « Avant de toucher le fond / Je descends à reculons / Sans trop savoir c'qui s'passait / dans le fond », chante Isabelle Adjani dans *Pull Marine.* Sinistrose « extatique » et vague à l'âme ; état « proche de l'Ohio » et de La Plaine-Saint-Denis. L'épreuve du candidat consiste à parodier son être profond, autrement dit à se modéliser lui-même, à déduire ses mots, ses actions, son look, et son style de son autoportrait-type. Tout est calcul prévisionnel et simulation, y compris la stimulation sexuelle et les « pulsions primaires » que les internautes guettent *via* les caméras infrarouges. Dans le réel, nous avons vu que personne n'est égal à soi-même : il y a toujours un écart, un Je(u), entre nos gestes et notre caractère, entre notre liberté et nos automatismes. C'est précisément cet écart que le candidat doit réussir à réduire au maximum. Il doit se rendre conforme à l'image que l'on a de lui (pour les lofteurs les plus roublards) ou qu'il a de lui-même (pour les plus « naturels »). Pourquoi jouent-ils si mal ? Pourquoi sonnent-ils si faux ? Parce qu'il est très difficile de renoncer à sa spontanéité propre et de s'habituer à être son Moi, immanquablement. Dur dur d'être un robot !

Le public adolescent, cible principale de l'émission, est hypnotisé par ces pantins virtuels sans pour autant envier leur sort. Nos élèves ont conscience que la principale motivation des pensionnaires est l'argent – la célébrité y conduisant aisément. Mais ce n'est pas cela qui les fascine en premier lieu : c'est le lieu lui-même. Un lieu virtuel où il fait bon vivre car l'extérieur (le réel) ne peut l'envahir. Un lieu où le *fun* (joie virtuelle) est la règle ; un lieu où l'on « kiffe » (passion virtuelle), où l'on est cool (bien-être virtuel), où l'on se fait des « trips » (complicité virtuelle), bref un lieu sans menace car exsangue de vie véritable. Mais ce lieu intéresse les jeunes car il est d'abord un lien. À l'instar du ventre de la mère – premier contact avec la virtualité du monde –, le bocal fait office de local ouvert sur le regard maternel. La technologie des téléphones portables et le déni de plus en plus fréquent de la séparation font que la jeunesse actuelle désire prolonger le contact avec les parents et différer la coupure du cordon ombilical, voire la rendre elle aussi virtuelle. Il n'est alors pas question ici de voyeurisme, à proprement parler, puisque l'intimité est contractuellement * violée et qu'elle est d'ailleurs virtuelle : ersatz d'intimité simulée par des ersatz de comédiens. Ce pourquoi on envie secrètement les lofteurs, c'est qu'ils demeurent sous le regard de leurs parents sans avoir à en subir l'écrasante promiscuité. Cela explique l'importance accordée à ces derniers par les organisateurs : telle mère parle de son fils adulte comme d'un adolescent prépubère, telle autre s'offusque de l'initiative prise par sa fille de se marier (virtuellement) sans lui avoir demandé son avis ni même prévoir de l'inviter à la cérémonie. Les parents sont omniprésents dans la vie des lofteurs – désirs conjoints de nombreux jeunes et de nombreuses mères. Une bande d'échangistes amateurs se sont judicieusement baptisés MST – « Maman Sait que tu Tournes » – pour vendre leurs vidéos pornographiques ; ce concept est le même pour le Loft, même si ce film dure soixante-dix jours. En 2001, l'âge idiot s'est métamorphosé. Son idiotie n'est plus celle d'une révolte exagérée

---

* Exposition préalable du contrat de participation : « Ce groupe de personnes doit être autant que possible autonome *mais* ne devra rien pouvoir cacher au monde extérieur. » La conjonction que nous soulignons reconnaît bien une contradiction entre l'autonomie du groupe et les contraintes de l'émission. Cette pseudo-liberté d'action est en effet totalement soumise aux impératifs d'une représentation tyrannique et oppressante.

envers et contre tout, mais celle d'une inaptitude consternante à la révolte. Les jeunes rouspètent comme des petits vieux et boudent comme des enfants. La fleur de l'âge se fait plante d'appartement ; elle sent le renfermé et, une fois sortie du loft, manque cruellement de piquant. Pourquoi même en sortir un jour ? Oubliées, l'insolence et la fureur d'un « Nique ta mère ! », pour un « Nique devant ta mère ! » et toutes les mamans de France.

Ce que *Loft Story* institutionnalise correspond exactement aux aspirations inconscientes des enfants et des parents d'aujourd'hui : une connexion qui, en toute légitimité, peut perdurer indéfiniment sans être objet de blâme de la part d'abonnés absents. Ils n'ont qu'à avoir le câble pour voir le rêve réalisé (c'est-à-dire le virtuel) ! D'où le foisonnement d'objets de l'enfance, objets transitionnels pour bébés éprouvés, du biberon de Loana au Boubou de Steevy, la peluche Disney « âne bâté ». Avant d'intégrer sa cellule, Kimy s'entretient avec son nounours. Quand les portes du Loft se ferment derrière David, exilé « volontaire », tous hurlent un défoulatoire « Maman je t'aime ! ». Les messages qu'il reçoivent de leurs proches tombent du ciel et sont acclamés par la communauté entière, par le microcosme familial recomposé. Comme il ne saurait y avoir de famille sans meurtre fondateur, l'univers du Loft permet d'assister à l'élimination progressive de tous les candidats, aussi virtuellement unis soient-ils. Scène primitive d'un fratricide en série pour que n'y survive que le couple, qui de célibataires devient virtuellement Père et Mère, Adam et Ève, repeuplant un nouveau loft et générant la filiation des hommes. Tous pour deux et deux pour tous. Homosexuels s'abstenir.

En France, le troisième album du groupe Nique Ta Mère * constitue l'apogée du rap dans sa phase ascendante, concentrant toute l'énergie de la jeunesse dans un effort suprême : s'insurger, se révolter, « foutre le feu », et, pour ultime horizon, faire la nique à la mort. Après 1995, les *lyrics* français *hardcore*, de textes vindicatifs et rebelles qu'ils étaient, s'adoucissent, s'émoussent, deviennent festifs, langoureux, ou d'un défaitisme complaisant. Les ennemis ont changé. « Nique le CSA ! » hurle Joey Starr dans le quatrième album de N.T.M. On l'imagine déjà tenir le rôle de Niklapolix dans le prochain *Astérix*, tant l'écho du « Nique la Police ! », authentique symbole, semble avoir

---

* *Paris sous les bombes* (Epic).

perdu son sens à force d'être pris au pied de la lettre dans les banlieues. Le Conseil supérieur de l'Audiovisuel est pris, de l'aveu même du rappeur, comme l'emblème de l'abus de pouvoir que s'autorise le gouvernement. Le CSA est condamnable, en effet, parce qu'il censure un clip exaltant des joies charnelles (*Ma Benz*), et non *Loft Story*, tout juste réprimandé pour la forme, jamais pour le fond. Un langage bouillonnant, une tape sexy sur un postérieur de top model, et c'est une levée de bouclier pour protéger la dignité de la femme comme si le chanteur allait, par sa prose ardente et sa voix éraillée, décrocher les mâchoires de toutes les demoiselles. En revanche on autorise qu'une émission bafoue durant des mois la dignité humaine sans s'alarmer outre mesure, sans assistance à jeunesse en danger. On la laisse se débrouiller seule, on l'abandonne. Au nom de quels principes ?

Dans la mentalité anglo-saxonne, le Décès d'autrui ne regarde que lui-même ; la législation ne me condamnera point si je l'ai laissé mettre fin à ses jours alors que j'aurais pu l'aider. La France s'oppose à cela : la solidarité m'intime l'ordre d'aider mon prochain dans le désarroi. Fraternellement lié à lui, son suicide me concerne – la loi m'oblige à lui porter secours. S'il m'est possible de sauver autrui de lui-même, je dois donc impérativement le faire. Pourquoi dès lors l'État français n'a-t-il pas jeté la *trash TV*, si contraire aux idéaux républicains, à la poubelle, dès son arrivée ? Pourquoi inciter TF1 et d'autres chaînes à emboîter le pas ? Si elle est le réceptacle d'un Décès massif de la jeunesse, et si elle en accélère le cours, le CSA n'a-t-il pas gravement fauté ? Les producteurs et les partisans de ce genre d'émission se défendent avec un argument fallacieux : la télévision ne peut être tenue pour responsable, car elle n'est qu'un réceptacle des tendances actuelles. Or, la télévision ne peut se résumer à cela. Même dans le spectacle, la variété, le divertissement et autres *Bigdil* débiles, elle n'est pas seulement un témoignage neutre des opinions : elle les conforte parce qu'elle les diffuse. Elle n'est pas un miroir objectif de la société car, pour les classes moyennes, elle propage des valeurs, elle enseigne cela même qu'elle *transmet* de façon ininterrompue. La télévision est une école sournoise, aux leçons d'autant plus attrayantes qu'elles s'insinuent sans effort, sans mémoire active, sans réflexion. Instrument de propagande par excellence, que l'État doit réguler intelligemment sans se soumettre aux

seuls avis des marchands et des citoyens-
consommateurs.

Le cercle des jeunes poètes est brisé, en effet. L'apprenti rappeur crache seul sur son angoisse au lieu de la cracher par le verbe. La rage, qui met hors de soi, a laissé la place à la « Haine » – mal-être intériorisé, ressentiment vide d'enne- mis, abcès que ne crève aucune jouissance. Le crime ne fascine même plus pour la vie dange- reuse qu'il promet mais pour l'argent qu'il fait miroiter. Au grand banditisme on préfère admi- rer la petite délinquance, et on en veut à la terre entière comme à soi-même, sans « se bouger le cul ». Travailler en zone dite « sensible » nous a permis de tenter d'enseigner à des élèves leur propre jeunesse, leur matière première qu'ils ne savent plus exploiter faute de pourquoi et de comment. Aucune psychothérapie ne peut résorber la souffrance de ne plus souffrir dans sa chair, de souffrir seulement superficielle- ment, à la surface des choses ; d'être agacé des bouleversement du monde sans pouvoir s'en émouvoir outre mesure. Les regards ont perdu l'éclat de leur âge et la brillance de l'appétit de vivre : ils sont éteints par le déni de leurs désirs ou crispés par la peur de désirer l'impossible. Est impossible, en 2001, ce que l'on ne pourra jamais acheter. Même le désir se calcule en taux d'échec et de réussite – même le désir se compte, s'évalue, se quantifie !

La séparation du cocon familial est une angoisse réelle, comme l'est, plus généralement, l'angoisse de vivre sa vie. On aimerait tellement qu'elle soit virtuelle ! L'ouvrier de Marx perdait sa vie pour la gagner – nos élèves ne veulent même plus y jouer par peur de se perdre. Ils refusent de prendre part à la vie réelle, de jouer son jeu. La morbidité rattrape chacun de leurs élans, l'individualité se virtualise dans et par le groupe, perdant par-là même toute originalité vestimentaire, toute extravagance dans l'humour, toute rectitude dans l'aplomb et toute insolence dans le rire. Leur conformisme est la négation de la solidarité : on fait comme les autres, on dit comme les autres, on espère comme les autres, on se distingue même comme les autres. Mentalité de troupeau, Je(u) cimenté pour une fraternité virtuelle. Combien d'échecs scolaires pour prolonger la vie virtuelle de l'élève et différer la vie réelle, dangereuse parce que vraisemblablement décevante en comparaison des efforts à fournir pour la vivre ! « La vie ne couvre pas ses frais », prévient Schopenhauer avec pessimisme. Les élèves l'ont déjà compris et rejettent d'avance l'arnaque à venir en se réfugiant dans une adolescence paralysée, rêvant les rêves loftiens d'un adulte déjà mûr sans se donner les moyens de s'accomplir d'abord eux-mêmes.

Cette transformation dont tout le monde se plaint est bien celle de la qualité en quantité, de la spiritualité en besoin matériel, de l'essence en apparence, de toutes les valeurs en argent. Révolution axiologique, révolution des valeurs et non nihilisme décadent ; nous sommes, depuis Marx qui en a magistralement thématisé les enjeux (*Manuscrits de 1844*), les acteurs impuissants d'un inouï changement de paradigme. L'argent en est le moteur. Avec lui, les valeurs qualitatives s'évaluent quantitativement.

> « Ma force est tout aussi grande qu'est la force de l'argent. Les qualités de l'argent sont mes qualités et mes forces essentielles en tant que possesseur de l'argent. Ce que je suis et ce que je puis n'est donc nullement déterminé par mon individualité. Je suis laid, mais je peux m'acheter la plus belle femme. Donc je ne suis pas laid puisque l'effet de la laideur, sa force repoussante, est annulée par l'argent. [...]

Je suis méchant, malhonnête, sans conscience, sans esprit, mais l'argent est vénéré, donc aussi son possesseur. L'argent est le bien suprême, donc son possesseur est bon ; l'argent m'évite en outre d'être malhonnête et l'on me présume honnête. Je n'ai pas d'esprit, mais l'argent est l'esprit réel de toute chose ; comment son possesseur pourrait-il ne pas avoir d'esprit ? [...]

L'argent est le moyen et le pouvoir universels. Tout en étant extérieurs, sans rapport ni avec l'homme en tant qu'homme, ni avec la société en tant que société, ils ne permettent pas moins de transformer la représentation en réalité et la réalité en simple représentation. »

Exit

Nous avons vu que l'émission cautionne
ouvertement l'hypocrisie sociale, les strata-
gèmes, la perfidie vénale et la ruse. Elle les
absout. Ce que cette télé-poubelle (*trash TV*)
jette aux ordures, c'est la gratuité des comportements et la sincérité des attaches, en d'autres
termes ce qui rend l'homme beau, loyal et bon.
Des manifestants, ulcérés, invitent à déverser
des immondices devant le Loft. Loi du talion :
« Œil pour œil ! » Mais la jeunesse, immature,
n'est pas au rendez-vous. Privée de fins, elle ne
sort dans la rue que pour réclamer « plus de
moyens », sinon elle reste loftée et attend que
ça se passe.

Être mature ne signifie pas être en mesure de
gagner financièrement sa vie ni courir après ce
que la vie des autres nous fait miroiter. La matu-
rité s'obtient lorsque nous nous sentons en
mesure de nous approprier lucidement notre

existence, de nous en faire l'auteur, de signer chacun de nos choix en notre nom. Contrat entre soi et soi. Devenir l'unique propriétaire de sa présence au monde, en être responsable, clefs en mains. A-t-on besoin d'un service militaire, d'un drame sentimental ou d'un loft pour en prendre conscience ? C'est peut-être la leçon que tireront certains ex-lofteurs, longtemps après leur libération, si le vedettariat contreplaqué dans lequel ils se vautrent finit par les écœurer. Mais pour le jeune téléspectateur, écrasé dans son fauteuil comme les candidats durant leur « confession », il doit saisir que le rite de passage Ikéa auquel il assiste n'est pas sa propre vie. Lui-même devra un jour sortir de son loft, vaste sieste aux aventures minuscules, pour s'abandonner aux dangers de l'existence. C'est à lui que Sonny Rollins, grand saxophoniste noir américain, adresse ces paroles simples et fortes :

> *Trouve ce que tu aimes faire et que tu peux faire bien.*
> *La vie est courte.*
> *Il y a un moment où il faut qu'elle contribue à quelque chose qui dépasse l'indvidu, qui dépasse la satisfaction immédiate de ses plaisirs.*

L'émission n'a rien, par conséquent, du parcours initiatique : elle en barre l'accès, au contraire, puisque les pensionnaires passent directement du Loft-cocon à la vie de papillons illustres. Il ont été choisis, après une sélection draconienne, pour changer de vie sans avoir à construire eux-mêmes leur propre chrysalide. Leur épreuve est, à proprement parler, miraculeuse : entrer pauvre et anonyme, sortir riche et reconnu – le Loft est une machine à sauter dans le temps. Il élude celui de l'accomplissement, avec son lot de coups durs, d'erreurs et de déceptions, pour ouvrir les portes du paradis moyennant une mise en quarantaine. Les caméras nous invitent alors à contempler la métamorphose, lente et sûre, de la chenille en bête de scène, de la larve ignare en idole : le mûrissement, chauffé aux ondes hertziennes, d'un pouvoir d'achat illimité. Cuisson du pognon virtuel. Le Loft offre l'opportunité d'un apprentissage accéléré des perversités mondaines. Stage intensif pour la seule formation nécessaire des métiers du show business, ce méga-loft coupé du vulgaire, ce bocal à squales et non plus à poissons rouges. C'est cette formation que veut suivre la jeunesse : « Comment devenir *famous* en soixante-dix jours ? » Qu'importe les cours de chant, de danse, d'art dramatique à la *Fame* : être artiste ne demande plus aucun talent intrinsèque ni aucun effort, excepté celui – harassant – d'écraser les autres en gardant un impeccable sourire.

Au terme de notre réflexion, nous souhaitons exhorter la jeunesse à sortir de sa torpeur. *Loft Story* doit alors agir tel un levier pour soulever sa consternante inertie, un aiguillon capable de la réveiller. Qu'elle ouvre les yeux sur sa propre paresse ! Qu'elle redevienne claustrophobe, avec un intense besoin d'espace, d'horizons inventés et de liberté ! Qu'elle retrouve courage, instinct et dignité ! Qu'elle redonne au respect ses lettres de noblesse en délaissant la perversité marchande et l'inconscience de l'enfant ! Qu'elle se cultive par l'éducation, se transforme au contact des livres et des arts, s'épanouisse en travaillant ses talents ! Qu'elle réalise tout ce qui demeure en elle virtuel et latent ! Qu'elle reprenne possession de son être ! Qu'elle réintègre son corps ! Qu'elle mette le Loft en pièces et construise sur ses ruines et ses caméras broyées les conditions véritables de l'amour ! Cette télévision est allée trop loin. Elle incite à la complaisance et à la petitesse humaine. Puisse la jeunesse retrouver son sperme, son sang, ses tripes et sa fibre ! Les professeurs n'attendent que cela car ils agonissent avec elle à la voir se liquéfier face à l'avenir, s'effrayer du présent, se lover dans le loft étriqué de leur ambition. Seule la jeunesse, préférant à l'interconnexion le lien des sentiments réels, est à même d'inverser la politique de son désespoir. Brisez les écrans, mes élèves ! Brisez ces carcans neufs qui n'auront de cesse de vous amoindrir ! Taguez plus que jamais ! Non sur les murs des particuliers, mais sur les affiches publicitaires qui font de vous des veaux ! Non sur les wagons, mais sur vos vêtements aux marques débilitantes ! Non sur les commissariats et les écoles, mais sur la cupidité qui obscurcit le plus clair de votre temps ! L'argent n'est rien – en être obsédé, c'est passer à côté de tout le miel de l'existence. « Ne demande pas l'eau : demande la soif », ordonne le poète à l'orée du désert. Toi qui es encore jeune, prouve ta jeunesse par ta curiosité et ton désir ! Exige l'inaccessible ! Fuis la satiété et ses médiocres calculs ! Expose-toi aux feux de la vie – jardin immense – et apprends de tes aînés, quelle que soit leur filiation pourvu qu'une probité les anime, comment donner un sens à ton parcours ! Toi qui es jeune, reste humble, surtout ! Par ta volonté s'affermissant à chacun de tes pas, donne-toi les moyens intellectuels et physiques de tailler ta route en restant droit comme un i, jusqu'à la tombe !

Paris, 16 mai 2001

Je remercie les élèves de terminale L et ES
du lycée André Malraux de Montataire (Oise),
tout particulièrement Angélique Guigonnet.

À vingt-sept ans, Vincent Cespedes est professeur de philosophie dans un lycée en zone sensible.

Il est l'auteur d'un ouvrage pédagogique : *Concours de professeur des écoles – Dossiers d'entretien*, Vuibert, 2000.

I Loft You est son premier essai.

Titres déjà parus
dans la collection

Henri Pena-Ruiz
La Laïcité pour l'égalité

Alain Finkelkraut/Paul Soriano
Internet, l'inquiétante extase

Pierre-André Taguieff
Résister au bougisme
Démocratie forte contre mondialisation
techno-marchande